电网生产技改项目后评价典型案例培训教材

国网天津市电力公司 编

DIANWANG SHENGCHAN JIGAI
XIANGMU HOU PINGJIA DIANXING
ANLI PEIXUN JIAOCAI

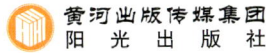

黄河出版传媒集团
阳 光 出 版 社

图书在版编目（CIP）数据

电网生产技改项目后评价典型案例培训教材／国网
天津市电力公司编. -- 银川：阳光出版社，2021.3
　　ISBN 978-7-5525-5795-4

Ⅰ.①电… Ⅱ.①国… Ⅲ.①电网－技改工程－项目
评价－案例－中国－教材 Ⅳ.①F426.61

中国版本图书馆 CIP 数据核字(2021)第 046278 号

电网生产技改项目后　　　　　　国网天津市电力公司　编
评价典型案例培训教材

责任编辑　申　佳
封面设计　赵　倩
责任印制　岳建宁

出 版 人　薛文斌
地　　址　宁夏银川市北京东路 139 号出版大厦（750001）
网　　址　http://www.ygchbs.com
网上书店　http://shop129132959.taobao.com
电子信箱　yangguangchubanshe@163.com
邮购电话　0951-5014139
经　　销　全国新华书店
印刷装订　宁夏凤鸣彩印广告有限公司
印刷委托书号　（宁)0020326

开　　本　720 mm×980 mm　1/16
印　　张　13.5
字　　数　200 千字
版　　次　2021 年 3 月第 1 版
印　　次　2021 年 3 月第 1 次印刷
书　　号　ISBN 978-7-5525-5795-4
定　　价　50.00 元

前　言

近年来,我国工业化、信息化的程度越来越高,用电量逐年增长,电网的发展和管理规模不断扩大,电网整体结构越来越复杂,电网的固定资产规模和建设投资也在逐年递增。电网生产技术改造项目作为电力建设投资中十分重要的组成部分,是保证电力设备健康运行的必要手段。电网生产技改项目可以有效提高输电、变电、调度、通信、配套设备设施安全生产水平和供电企业经济效益,可靠而又高效的电网技术改造工作具有十分重要的意义。

项目后评价(Post Project Evaluation)是指在项目已经完成并运行一段时间后,对项目的目的、执行过程、效益、作用、影响进行系统的、客观的分析和总结的一种技术经济活动。从 20 世纪 80 年代起,我国政府开始对政府投资的项目开展项目后评价工作,而国家电网公司等中央企业作为政府投资行为的主体,其负责的重大投资项目成为项目后评价的主要对象。

电网生产技改项目是供电企业最主要的投资活动之一,根据国家针对中央企业的投资管理规定以及供电企业自身的管理需求,需要对具有典型性的电网生产技改项目进行后评价管理。建立电网技术改造项目后评价模式,是供电企业项目闭环管理的重要环节,是评价和考核电网生产技改项目管理过程和完成度的必要手段,通过后评价过程的反馈机制和成果应用环节,为后评价项目实施运营中出现的问题提供解决思路,同时也为未来新项目的决策和提高投资决策管理水平提供参考。项目后评价管理对已实施的电网技术改造项目和后续计划项目都具有十分重要的指导意义。

本书由国网天津市电力公司编撰。编写团队依据国家发改委颁布施行的《国家重点建设项目管理办法》、国资委 2014 年颁布的《中央企业固定资产投资项目后评价工作指南》、国家发改委《关于印发〈中央政府投资项目后评价管理办法和中央政府投资项目后评价报告编制大纲(试行)〉的通知》等文件，结合国家电网公司电网生产技改项目后评价相关标准、管理规定和技术导则，总结团队多年来在电网生产技改项目后评价工作中积累的研究成果和管理经验，调研各个专业部门和专业岗位对电网生产技改项目后评价的知识需求后编写而成。

本书分7章，从理论和实践2个层面阐述了电网生产技改项目后评价工作，全面介绍了供电企业进行电网生产技改项目后评价工作的内容、原则和管理流程。第一章介绍了电网生产技改项目后评价的综述性内容，重点为电网生产技改项目后评价项目的概念、内涵、原则、工作重点和管理程序等；第二章从工程项目管理学的角度，介绍几种可用于电网生产技改项目后评价的分析方法，重点介绍在实际工作中应用较多的方法；第三章以电网生产技改项目的全过程管理流程为主线，介绍了电网生产技改后评价工作实施过程的各个环节；第四、第五、第六、第七章分别介绍了针对变电站一次设备技改项目、输电线路技改项目、配电台区技改项目和电网生产技改项目群后评价工作实例，重点分析了相关实例中的问题。

随着供电企业管理模式的迭代创新以及电力技术的不断发展，电网生产技改项目后评价工作在供电企业的管理框架中起到越来越重要的作用，是供电企业精益化管理的必要环节和必备手段。

本书受篇幅所限，无法针对后评价工作涉及的所有内容展开论述，希望能够给广大读者以启发和帮助，起到抛砖引玉的作用。书中有考虑不周或论述不足之处，恳请广大读者批评指正。

目 录

第一章　电网生产技改项目后评价综述

为了检验和评价投资项目的效果,发现项目管理过程中的问题,总结项目实施的经验和教训,通常要对大型工程类项目进行项目后评价。

项目后评价是指通过对项目实施过程、结果及其影响进行调查研究和全面系统回顾,与项目决策时确定的目标以及技术、经济、环境、社会指标进行对比,找出差别和变化,分析原因,总结经验,汲取教训,得到启示,提出对策建议,通过信息反馈,改善投资管理和决策,达到提高投资效益的目的。

由于生产型固定资产在供电企业中资产中的比重很大,对应的电网生产技改项目,属于供电企业生产经营过程中一类重要的投资行为,是供电企业投资的重要组成部分。根据国家针对中央企业的投资管理规定和供电企业自身的管理需求,需要对具有典型性的电网生产技改项目进行后评价管理。

第一节　电网生产技改概述

电网生产技改属于供电企业的固定资产投资行为,国家发改委已经将其列入电网规划的范畴。电网生产技改项目全称为电网生产技术改造项目,是指利用成熟、先进、适用的技术、设备、工艺和材料等,对现有电网生产设备、设施及相关辅助设施等资产进行更新、完善和配套,提高其安全性、可靠性、经济性以及满足智能、节能、环保等要求。

一、电网生产技改项目

电网生产技术改造项目主要针对电网生产设备、设施及辅助设施展开,改造

1

范围包括电网一次设备、变电站自动化系统、调度自动化系统、继电保护及安全自动装置、电力通信系统、自动控制设备、电网生产建筑物、构筑物等辅助及附属设施、安全技术劳动保护设施、非贸易结算电能计量装置、监测装置等。

出于对电力系统安全的考虑,电网生产技改项目必须保证:

(1)技改采用的技术、设备、工艺和材料必须保证具有成熟性,需要经过充分的理论和实践的验证。

(2)采用的技改措施必须具有先进性,对于被改造的对象,改造后的效果要优于改造之前。

(3)必须具有适用性,是指所采取的措施必须适用于被改造的对象,什么样的场景采用什么样的技术手段。

进行电网生产技改工作,主要为了实现以下几个目标:

(1)改造输、变、配电设备(设施)、辅助及附属设施,消除隐患缺陷,促进先进适用技术应用,提高运行可靠性。

(2)提高电网调度、通信、继电保护及安全自动装置、自动化等二次系统和设备技术水平、安全防护水平及运行可靠性。

(3)降低线损、站用电量,提高设备运行经济性。

(4)依据有关规定落实安全技术措施、应急措施和预防事故措施。

(5)改善劳动条件和劳动保护措施,治理环境污染,满足环保要求。

(6)其他电网生产所必需的技术改造。

二、电网生产技改原则

(1)电网生产技改需要坚持"安全第一、预防为主、综合治理"方针,严格执行国家、行业、地方有关方针政策、法律、法规,落实相关标准、制度、规定和反措要求,重点解决影响电网安全稳定运行的生产设备(设施)问题。

(2)电网生产技改需要坚持统一规划、注重改造实效。按照建设以特高压电网为骨干网架、各级电网协调发展的坚强智能电网战略目标要求,结合设备状态检修工作,统一制订电网技术改造规划,加强量化分析,注重改造成效。

(3)电网生产技改需要坚持资产全寿命周期成本最优原则。在保障电网设备安全可靠运行基础上,统筹考虑电网设备的安全、效能、周期成本,最大限度发挥资产效益,实现生产技术改造全过程闭环管控和资产全寿命周期技术经济最优。

(4)电网生产技改需要以设备状态综合评价为依据。统筹考虑设备运检环节安全性评价、隐患排查、状态评价、设备故障缺陷状况等因素,以综合评价结果为基础,解决影响人身安全、电网安全和设备安全的突出问题。优先安排评价认定已处于严重状态,影响系统安全运行的设备。

(5)电网生产技改需要以技术进步为先导,推广先进适用技术,提升电网装备水平和智能化水平。

(6)电网生产技改坚持统筹协调,多渠道解决电网发展问题。认真处理好生产技术改造与基本建设等工作的关系,实现生产技术改造与基本建设、科技投入、运行维护的有机协调,以基本建设促进电网快速发展,以技术改造促进电网完善,做到统筹协调,共同推动电网发展。

对于不满足相关反措、规程要求或存在家族性缺陷的设备,无法修复的,应进行技改;对于因电网发展需要,设备的主要技术参数(额定电压、电流、容量、变比等)不能满足安装地点要求的设备,无法通过大修提高设备性能的,应进行技改、对于可靠性差、缺陷频发、非停率高,存在设计缺陷,无法彻底修复的设备,应进行技改;对于设备已停产,制造厂已不能提供备品备件和技术服务,备品备件不满足下一个运行周期最低需求的,应安排更换;对于设备评价为异常及严重状态,影响人身、电网、设备安全,且无法通过大修进行处理的,应优先安排改造;对于直流输电系统设备存在单一元件故障导致直流闭锁隐患,需要更换整套设备的,应优先进行技改;对于存在先天性缺陷影响系统运行而无法治理,需要更换整套设备的,应考虑进行技改;对于作为资产主要组成部分的设备主要部件(如变压器套管、分接开关及冷却装置,断路器操作机构及套管等),经评估不能继续使用且无法通过大修恢复的,应安排进行局部改造;对于设备运行年限达到设备折旧寿命,经评估不能继续服役且无法通过大修恢复设备性能,应安排改造。

三、电网生产技改项目管理

电网生产技改项目管理的目的是为了规范电网生产设备技改工作,提高设备质量和运行可靠性,合理控制运维检修成本,提高电网安全、经济、优质运行水平,保障电网安全、可靠和经济运行。需要根据国家、行业和公司有关制度标准,对电网生产技改项目进行全过程管理。

电网技术改造项目从规划、储备、年度计划、计划下达、招投标、实施、废旧物资处理、竣工验收、结决算、档案管理、后评价等实现全过程规范化和流程化管理,资产全生命周期技术经济最优控制。

项目管理过程包括决策阶段、设计阶段、实施阶段、验收阶段和收尾阶段。项目管理因素包括统筹管理、进度管理、质量管理、风险管理、成本管理、采购管理、技术管理和人力资源管理等。

(1)决策阶段:由项目规划或项目建议书开始,经决策下达计划的阶段,包括规划管理、前期计划及费用管理、可行性研究管理、计划管理、计划调整管理、应急项目管理等环节。

(2)设计阶段:对已列入年度项目计划的项目,开展设计管理工作,包括初步设计阶段和施工图设计阶段。

(3)实施阶段:运用所具备的人、财、物对项目进行相关建设活动的过程,并最终完成项目建设工作的阶段,主要包括现场实施、项目监理、设计变更等环节。

(4)验收阶段:项目实施完成后对项目实施内容开展验收工作直至项目成果交付完成的阶段,主要包括竣工验收、启动投运、投产移交等环节。

(5)收尾阶段:在工程投产移交后进行结(决)算管理、档案管理、总结回顾、后评价管理的阶段。

电网生产技改项目属于工程项目的范畴,所以在对其进行全过程管理的过程中,要涉及工程项目管理理论;电网生产技改项目的全过程管理,应在供电企业的精益化管理体系内,所以要涉及精益化管理理论。

电网生产技改项目的全过程管理,除了依据工程项目管理学理论、精益化管理理论及其他技术经济管理等理论,在实际工作中,主要依据供电企业及其管理部门制定的管理规定和实施细则等。事实上,国家电网公司和南方电网公司等规模以上供电企业,其内部针对生产技改项目的管理规定可以认为是相关管理学理论与供电企业的实际情况的有机结合,管理主线都是工程项目管理学理论,能够完整发挥理论对实际管理工作的指导作用。

第二节 项目后评价概述

项目后评价(Post Project Evaluation)是指在项目已经完成并运行一段时间后,对项目的目的、执行过程、效益、作用、影响进行系统的、客观的分析和总结的一种技术经济活动。项目后评价于19世纪30年代产生在美国,直到20世纪60年代,才广泛地被许多国家和世界银行、亚洲银行等双边或多边援助组织用于世界范围的资助活动结果评价中。

一、项目后评价的发展

项目后评价的基本模式产生于20世纪30年代的美国,最初是作为公共项目管理的一种工具,美国为监督国会"新政"政策实施效果,通过对由政府控制的新分配投资计划的项目的运营效果进行分析评价,考核政府投资计划的正确性和有效性。1936年,在美国政府颁布的《全球洪水控制法》中,明确规定运用"成本—效益"分析方法对政府投资的水资源控制相关项目进行后评价。

1930—1968年,项目后评价主要针对的是政府投资的公共项目,通常采用基于福利经济学和凯恩斯理论的社会费用—效益分析法开展后评价工作。1960年以前,在美国水利建设和公共工程领域,项目后评价得到广泛应用与初步发展,在1960年以后,由于政府投资模式及公共项目运作模式的变迁,社会费用—效益分析法不再适用于所有的项目,合同的成本—效益分析法开始应用于某些公共项目的后评价工作中,这种方法实施起来更为直观和便利,很快广泛应用于水利建设项目,并从公共工程部门开始向农业、工业和其他经济部门发展,并向欧洲和发展中国家推广。合同的成本—效益分析法主要从财务分析的角度去开展工作,所以,可以认为20世纪60年代以前,国际通行的项目评估和评价的重点是财务分析,以财务分析的好坏作为评价项目成败的主要指标。

20世纪60年代,西方国家能源、交通、通讯等基础设施以及社会福利事业将经济评价(国内称国民经济评价)的概念引入了项目效益评价的范围。

20世纪70年代前后,世界经济发展带来的严重污染问题引起人们广泛的重视,项目评价因此而增加了"环境评价"的内容。此后,随着经济的发展,项目的社会作用和影响日益受到投资者的关注。

20世纪80年代,世行等组织十分关心其援助项目对受援地区的贫困、妇女、社会文化和持续发展等方面所产生的影响。因此,社会影响评价成为投资活动评估和评价的重要内容之一。

国外援助组织多年实践的经验证明了机构设置和管理机制对项目成败的重要作用,于是又将其纳入项目评价的范围。

20世纪80年代中后期,在改革开放的大背景下,我国由政府主导的大型投资项目越来越多,原国家发改委根据投资管理的需要,提出对中央企业的投资项目展开项目后评价工作。中国人民大学也同步开展项目后评价理论、方法的研究工作。

经过近30年的发展,项目后评价工作在中央企业投资项目、基础设施建设项目、公益项目等领域广泛开展,各个领域的专家学者结合实际情况,参照相关的后评价理论和后评价体系,充分参考国际上的后评价工作方法和标准,初步形成符合我国国情的后评价体系,颁布了适用于中央企业的后评价管理规定,许多中央大型企业内部也都设立了投资项目后评价工作管理的兼职和专职机构,编制行业或企业投资项目后评价实施细则和操作规程。

二、项目后评价的内涵

本质上,项目后评价工作是投资监督和投资考核的过程,对已竣工并运行一定时间的项目进行评价,客观系统的分析项目或规划的目的、执行过程、效益、作用和影响等内容。通过对投资活动实践的检查总结,与项目决策时确定的目标以及技术、经济、环境、社会指标进行对比,找出差别和变化,确定投资预期的目标是否达到,项目或规划是否合理有效,项目的主要效益指标是否实现;通过对项目的全过程分析评价,总结经验教训,及时进行有效的信息反馈,为被评项目实施运营中出现的问题提出改进建议,为未来项目的决策和提高完善投资决策管理水平提出建议。

项目后评价的实施对象是工程项目。通常情况下,大型的工程项目是一个复杂的系统工程,整个工程实施过程由多个可区别但又相关的要素组成,最终通过项目实施形成具有特定功能的有机整体,达成项目的既定目标。工程项目系统通过与外部环境进行信息交换及资源和技术的输入,建设实施完成,最后向外界输出其产品。工程项目的控制系统由施控系统和受控系统构成,其各项状态参数随时间变化而产生动态变化。

项目后评价就是运用现代系统工程与反馈控制的管理理论,对工程项目决策、实施和运营结果做出科学的分析和判定。广义上讲,后评价工作可以针对整个工程项目,也可以针对工程项目的各个阶段,即投资决策者根据经济环境需要,通过决策评价确定项目目标,以目标制订实施方案;通过对方案的可行性分析和论证,把分析结果反馈给投资决策者,这种局部反馈能使投资决策者在项目决策阶段中及时纠正偏差,改进完善目标方案,做出正确的决策并付诸实施;在项目实施阶段,执行者将实施信息及时反馈给决策管理者,并通过项目中间评价提出分析意见和建议,使决策者掌握项目实施全过程的动态,及时调整方案和执行计划,使项目顺利实施并投入运营;当项目运营一段时间后,通过项目后评价将建设项目的经济效益、社会效益与决策阶段的目标相比较,对建设和运营的全过程作出科学、客观的评价,反馈给投资决策者,从而对今后的项目目标做出正确的决策,以提高投资效益。

为了便于工程项目的全过程精益化管理,实际的工程项目执行过程中,后评价工作特指的是对已完成的项目进行的系统而客观的分析评价的过程,而项目过程中的评价和反馈通过流程管理和评审管理来实现。

项目后评价也是对项目进行诊断的过程,项目后评价必须具有透明性和公开性的特点,可以通过对投资活动成绩和失误的主客观原因进行分析,客观公正地确定投资决策者、管理者和建设者在工作中存在的实际问题,从而进一步提高工作水平,完善和调整相关政策及管理程序。

三、项目后评价内容、分类及成果应用

根据现代项目后评价理论,项目后评价,一般需要总结与回顾项目全过程(含项目前期、准备阶段、实施阶段、生产运行阶段等)的基本情况,根据各阶段的工作要求进行程序合规性、合法性评价,管理合理性、有效性评价,实施效果、实现程度持续性评价。

项目后评价的基本内容如下:

(1)项目目标后评价。该项评价的任务是评定项目立项时各项预期目标的实现程度,并要对项目原定决策目标的正确性、合理性和实践性进行分析评价。

(2)项目效益后评价。项目的效益后评价即财务评价和经济评价。

(3)项目影响后评价。主要有经济影响后评价、环境影响后评价、社会影响后评价。

(4)项目持续性后评价。项目的持续性是指在项目的资金投入全部完成之后,项目的既定目标是否还能继续,项目是否可以持续地发展下去,项目业主是否可能依靠自己的力量独立继续去实现既定目标,项目是否具有可重复性,即是否可在将来以同样的方式建设同类项目。

(5)项目管理后评价。项目管理后评价是以项目目标和效益后评价为基础,结合其他相关资料,对项目整个生命周期中各阶段管理工作进行评价。

根据评价时间不同,后评价又可以分为跟踪评价、实施效果评价和影响评价。

(1)项目跟踪评价是指项目开工以后到项目竣工验收之前任何一个时点所进行的评价,它又称为项目中间评价。

(2)项目实施效果评价是指项目竣工一段时间之后所进行的评价,就是通常所称的项目后评价。

(3)项目影响评价是指项目后评价报告完成一定时间之后所进行的评价,又称为项目效益评价。

从决策的需求来看,后评价也可分为宏观决策型后评价和微观决策型后评价。

(1)宏观决策型后评价指涉及国家、地区、行业发展战略的评价。

(2)微观决策型后评价指仅为某个项目组织、管理机构积累经验而进行的

评价。

项目后评价的成果,通过及时的信息反馈,应用于企业管理和后续项目管理。

(1)企业投资项目后评价成果(经验、教训和政策建议)应成为编制规划和投资决策的参考和依据。《项目后评价报告》应作为企业重大决策失误责任追究的重要依据。

(2)企业在新投资项目策划时,应参考过去同类项目的后评价结论和主要经验教训(相关文字材料应附在立项报告之后,一并报送决策部门)。在新项目立项后,应尽可能参考项目后评价指标体系,建立项目管理信息系统,随项目进程开展监测分析,改善项目日常管理,并为项目后评价积累资料。

四、项目后评价的作用和意义

通过开展项目后评价工作,可以确定项目预期目标是否达到,主要效益指标是否实现,查找项目成败的原因,总结经验教训,及时有效反馈信息,提高未来新项目的管理水平。

通过开展项目后评价工作,可以为项目投入运营中出现的问题提出改进意见和建议,达到提高投资效益的目的。

由于后评价具有透明性和公开性,能客观、公正地评价项目活动成绩和失误的主客观原因,公正地、客观地确定项目决策者、管理者和建设者的工作业绩和存在的问题,从而进一步提高他们的责任心和工作水平。

项目后评价工作通过对项目经营管理活动进行诊断,提出完善项目运营的建议意见。项目运营效果是企业经营管理水平的重要指标。项目后评价是在项目运营阶段进行的,因而可以分析和研究项目投产初期和达产时期的实际情况,比较实际情况与预测情况的偏离程度,探索产生偏差的原因,提出切实可行的措施,从而促使项目运营状态正常化,充分释放生产能力,发挥预期功效,实现项目经济效益和社会效益。

项目后评价工作通过对项目全过程管理进行分析,提出提升项目管理水平的建议意见。投资项目后评价是典型的全过程管理分析应用工具,通过开展项目规划到运营全过程的回顾总结,对已建成项目各阶段目标实现程度进行分析评价,挖掘目标未实现的深层次原因,评价项目的可延续性和可重复性,总结提炼项目管理经验和教训,改进在建项目,指导待建项目,为待建项目提供可重复性借鉴,提高项目管理水平。

项目后评价工作通过对项目组织管理工作进行总结,提出规范企业管理体系的建议意见。项目后评价涉及规划、前期、计划、基建、生产、财务、调度、市场等诸多部门,只有建立规范的组织管理体系流程,各司其职,协同配合,后评价工作才能顺利进行。而通过开展项目后评价,除了能够建立形成成熟的后评价组织工作管理流程外,还能够评价实际已建项目管理流程的规范性和科学性,提出建设性改进意见和建议。

项目后评价工作通过对项目投资效果实现程度进行评估,提出提供企业决策能力的建议意见。投资效益效果是投资项目管理后评价的核心内容之一,投资效益效果的实现与否是反映投资项目成败的关键性标志。通过对比决策阶段和运营阶段各物理、经济、社会、安全效益效果指标,分析各决策目标实现程度,挖掘未实现的深层次原因,为各部门提供有针对性的意见、建议和决策依据的同时,提高各部门决策的科学性和合理性。

第三节　电网生产技改项目后评价概述

电网生产技改项目后评价指的是在单个电网生产技改项目、某类电网生产技改项目或某个单位一定时期内的电网生产技改项目,在项目竣工运行一段时间后,根据国家相关规定及文件、结合供电企业内部相关的管理规定,对这些电网生产技改项目进行后评价的过程。

一、电网生产技改项目后评价依据

电网生产技改项目后评价工作的开展依据主要是国家相关部委制定的关于投资项目后评价相关的标准和规定,以及供电企业内部关于生产技改工作后评价相关的管理规定和管理办法。

（一）国家部委关于投资项目后评价的相关规定

从 20 世纪 80 年代开始，我国针对政府投资项目的后评价工作逐步开展，随着后评价工作的逐步深入，后评价相关研究工作成果的不断积累，我国关于政府投资项目后评价的管理体系也逐步形成并完善。

1988 年，原国家计划委员会颁布了《关于委托进行利用国外贷款项目后评价工作的通知》，对采用国外贷款开展的项目进行后评价工作；1991 年，颁布了《国家重点建设项目后评价工作暂行办法（讨论稿）》，对重点建设项目开展后评价工作；同年，国家审计署为了加强对贷款资助项目的管理，颁布了《涉及贷款资助项目后评价方法》；1996 年，原交通部颁布了《公路建设项目后评价工作管理办法》，用于加强对公路建设项目的监督管理；2004 年，国务院颁布了《国务院关于投资体制改革的决定》，明确规定重点投资项目必须进行项目后评价；2005 年，国资委颁布了《中央企业固定资产投资项目后评价工作指南》（国资委发展规划〔2005〕92 号）；国家发展改革委员会分别于 2008 年和 2014 年颁布《中央政府投资项目后评价管理办法（试行）》（发改投资〔2008〕2959 号）、《关于印发〈中央政府投资项目后评价管理办法和中央政府投资项目后评价报告编制大纲（试行）〉的通知》（发改投资〔2014〕2129 号），对中央企业的投资项目后评价制度作出了明确的规定。《中央政府投资项目后评价管理办法（试行）》（发改投资〔2008〕2959 号）、《关于印发〈中央政府投资项目后评价管理办法和中央政府投资项目后评价报告编制大纲（试行）〉的通知》（发改投资〔2014〕2129 号）是中央企业进行项目后评价的纲领性文件，规范后评价工作程序、评价内容、成果应用和监督管理方式。各电网企业根据国家后评价管理要求，配套印发固定资产投资项目后评价管理办法，使后评价体系得到全面完善。

《中央政府投资项目后评价管理办法》规定中央企业作为投资主体，负责本企业项目后评价的组织和管理；项目业主作为项目法人，负责项目竣工验收后进行项目自我总结评价并配合企业具体实施项目后评价。

1. 中央政府投资项目后评价工作内容

（1）项目业主后评价的主要工作有完成项目自我总结评价报告；在项目内及

时反馈评价信息;向后评价承担机构提供必要的信息资料;配合后评价现场调查以及其他相关事宜。

(2)中央企业后评价的主要工作有制定本企业项目后评价实施细则;对企业投资的重要项目的自我总结评价报告进行分析评价;筛选后评价项目;制订后评价计划;安排相对独立的项目后评价;总结投资效果和经验教训,配合完成国资委安排的项目后评价工作等。

2. 中央企业投资项目后评价实施程序

(1)企业重要项目的业主在项目完工投产后 6~18 月必须向主管中央企业上报《项目自我总结评价报告》(简称自评报告)。

(2)中央企业对项目的自评报告进行评价,得出评价结论。在此基础上,选择典型项目,组织开展企业内项目后评价。

3. 中央企业投资项目后评价原则

(1)选择后评价项目应考虑以下条件:项目投资额巨大,建设工期长、建设条件较复杂,或跨地区、跨行业;项目采用新技术、新工艺、新设备,对提升企业核心竞争力有较大影响;项目在建设实施中,产品市场、原料供应及融资条件发生重大变化;项目组织管理体系复杂(包括境外投资项目);项目对行业或企业发展有重大影响;项目引发的环境、社会影响较大。

(2)中央企业内部的项目后评价应避免出现"自己评价自己",凡是承担项目可行性研究报告编制、评估、设计、监理、项目管理、工程建设等业务的机构不宜从事该项目的后评价工作。

(3)项目后评价承担机构要按照工程咨询行业协会的规定,遵循项目后评价的基本原则,按照后评价委托合同要求,独立自主认真负责地开展后评价工作,并承担国家机密、商业机密相应的保密责任。受评项目业主应如实提供后评价所需要的数据和资料,并配合组织现场调查。

(4)《项目自我总结评价报告》和《项目后评价报告》要根据规定的内容和格式编写,报告应观点明确、层次清楚、文字简练,文本规范。与项目后评价相关的重要专题研究报告和资料可以附在报告之后。

（二）供电企业关于生产技改项目后评价的规定

由于国家电网公司和南方电网公司属于中央企业，其投资行为需要遵照针对中央企业制定的规定和文件，而电网生产技改项目符合《中央政府投资项目后评价管理办法》中规定的"项目采用新技术、新工艺、新设备，对提升企业核心竞争力有较大影响"这一条款，需要开展项目后评价工作。项目后评价管理模式正在电网企业的技术改造项目中进行推广，国家电网公司印发了《生产技术改造项目后评价管理规定》（国家电网企管〔2014〕752号），中国南方电网有限公司印发了《关于印发技改、科技、信息化项目后评价内容深度指导意见的通知》（南方电网计〔2013〕94号），全面规范技术改造项目后评价工作的开展。

1. 电网生产技改项目后评价的职责分工

由于电网生产技改项目的归口部门通常为供电企业的设备管理部门，为了保证后评价工作的顺利开展，保证后评价工作结果的客观有效，电网生产技改项目后评价工作的归口管理部门仍为设备管理部门。

第一，设备管理部门需要梳理归纳国家颁布的后评价相关法律法规、行业标准，并以此为依据，结合公司相关规章制度、技术标准，制定针对电网生产技改项目后评价管理规定，各级单位的设备管理部门负责贯彻执行相关管理规定。

第二，负责监督指导各级单位电网生产技改项目后评价工作，各级单位的设备管理部门负责后评价工作的组织实施，委托工程技术咨询机构或组织相关专家组开展本单位项目后评价。

第三，各级单位的设备管理部门负责组织审核本单位项目后评价报告，发布本单位的电网生产技改项目后评价成果信息，并根据上级单位发布的评价成果信息改进生产技术改造管理工作。

第四，组织公司系统工程技术、项目管理相关人员开展项目后评价交流培训，落实后评价成果信息对实际工作的指导作用。

各单位所属单位发展、财务、安质、信通、物资、调度等相关部门配合开展本单位项目后评价工作。

2. 确定电网生产技改项目后评价目标项目

电网生产技改项目后评价工作需要选取具有典型性的技术改造项目进行后评价,进行后评价目标项目筛选时,需要遵循以下原则:

(1)投资金额较大或建设过程中存在问题的生产技改项目。

(2)对电网安全稳定运行有重大影响的项目。

(3)设计方案、施工方案、设备采购方案较复杂或涉及招标采购的设备、服务单位较多的项目。

(4)对节约资源、保护生态环境、促进社会发展有重大影响的项目。

(5)采用的新技术、新材料、新设备等具有一定的示范性,或对其他项目具有借鉴指导意义的项目。

(6)为保障供电可靠性而进行的电网生产技改项目。

(7)其他有特殊需求或特殊意义的项目。

二、电网生产技改项目后评价内容

1. 项目概况

对项目建设全过程整体情况进行回顾与总结。

2. 项目前期工作评价

根据有关规定,评价项目可行性研究报告深度、项目评审的合理性、项目立项的合规性及项目决策的科学性等。

3. 项目实施准备工作评价

对照项目初步设计内容深度、招投标执行情况、开工条件、过渡方案等有关内容,评价项目建设准备工作。

4. 项目实施过程评价

(1)合同执行与管理评价:评价项目合同签订是否及时规范及合同条款履行情况。

(2)进度管控评价:评价项目进度控制水平,以项目建设里程碑计划为基准进行偏差分析,找出偏差发生的原因,总结经验。

(3)变更和签证评价:主要评价设计变更、现场签证的频发度和手续的完备性。

(4)投资控制评价:对比项目实际竣工决算与投资概算指标,评价项目投资控制水平,依据项目批准概算进行偏差分析,找出偏差发生的原因,总结控制投资经验。

(5)质量管理评价:根据竣工验收结果和设备投运后的状态评价情况,全面评价工程质量和设备质量,总结经验。

(6)安全控制评价:根据项目实施过程中发生设备故障或人身伤亡、引起其他设备故障停运次数等指标,对照安全管理有关规定,评价项目实施过程的安全管理水平,总结经验。

(7)物资拆旧及利旧评价:根据项目可行性研究阶段对拆除设备的再利用方案,评价退役设备再利用工作。

5. 项目竣工验收阶段评价

对项目竣工验收组织、过程、整改情况、报告完整性,工程结算计费依据,工程决算和转资及时性、正确性等情况及项目档案管理情况进行评价。

6. 项目运行绩效评价

(1)项目运营绩效评价:从安全、效能、效益方面,对项目投运后的生产运营情况与标准规定的性能指标偏差进行评价。

(2)项目社会效益评价:仅对社会有影响的项目进行社会效益评价,主要评价内容包括占地补偿、树木赔偿情况,是否带动社会经济发展、推动产业技术进步等。

(3)项目环境影响评价:仅对环境存在较大影响的项目进行环境影响评价,主要评价内容包括项目环境达标情况、项目环境保护设施建设情况,以及对环境和生态保护方面相关规定的执行情况等。

7. 项目后评价结论

项目目标实现程度是对整个项目建设目标完成情况进行整体评价,从 4 个方面进行判断:

(1)项目工程建成,项目的建设工程完工、设备安装调试完成,竣工验收投产。

(2)项目技术和能力,装置、设施和设备的运行达到设计能力和技术指标,质量达到国家或企业标准。

(3)项目建设目标基本实现,电网结构得到优化、设备健康水平得到改善、生产管理水平得到提高等。

(4)项目建设对国民经济、环境生态、社会发展的影响。

三、电网生产技改项目后评价作用及意义

随着电网的发展和管理规模的不断扩大,电网整体结构越来越复杂,新设备的大量投入和复杂多变的运行方式进一步加大对电网运行进行有效控制的难度。电网技术改造工作作为电力系统运行计划中十分重要的部分,是保证电力设备健康运行的必要手段。电网技术改造工作将影响设备的利用率、故障率、可靠性、使用寿命、人力物力财力的消耗,以及电力企业的整体效益等诸多方面,制定可靠而又高效的技术改造计划具有十分重要的意义。

电力生产技改项目后评价管理对已建电力项目和后续计划项目都具有十分重要的指导意义。通过建立电网技术改造项目后评价模式,形成从项目立项到项目完成的闭环环节,规范项目的准入条件,从而优化项目资金预算安排,构筑电网技术改造项目管理工作的反馈机制。通过及时有效的信息反馈,为未来新项目的决策和提高投资决策管理水平提供参考,同时也为后评价项目实施运营中出现的问题提供解决思路,从而达到提高项目效益的目的。

第四节 小结

本章内容对电网生产技改项目、电网生产技改项目管理、项目后评价、电网生产技改项目后评价进行了概述性的介绍,包括上述内容的概念、工作内容、依据和原则、目的和意义等。

本章内容的目的是帮助读者对电网生产技改项目后评价有一个框架性的认识,便于对本书后续内容的展开学习和深入理解。

第二章 电网生产技改后评价方法

项目后评价管理属于工程项目管理的范畴,而工程项目管理又是从项目管理理论延伸而来,是现代系统工程与反馈控制的管理理论结合的产物。从理论上讲,项目后评价过程其实是工程项目咨询的过程,所以项目后评价亦应遵循工程咨询的方法与原则。工程咨询的常用方法都可以应用在项目后评价过程中。

第一节 逻辑框架法

逻辑框架法是美国国际开发署(USAID)在 1970 年开发并使用的一种设计、计划和评价工具,目前已有 2/3 的国际组织把逻辑框架法作为援助项目的计划管理和后评价的主要方法。逻辑框架法也是供电企业电网生产技改项目后评价工作中常用的方法之一。

一、逻辑框架法的目标层次

逻辑框架法是一种概念化论述项目的方法,即用一张简单的框图来清晰地分析一个复杂项目的内涵和关系,使之更易被理解。逻辑框架法是将几个内容相关、必须同步考虑的动态因素组合起来,通过分析其相互之间的关系,从设计策划到目的目标等方面来评价一项活动或工作,为项目计划者和评价者提供了一种分析框架,用以确定工作的范围和任务,并对项目目标和达到目标所需要的手段进行逻辑关系的分析。

这种方法从确定待解决的核心问题入手,向上逐级展开,得到其影响及后果,向下逐层推演找出其引起的原因,得到所谓的"问题树"。将问题树进行转换,即将问题树描述的因果关系转换为相应的手段——目标关系,得到所谓的目标树。目标树得到之后,进一步的工作要通过"规划矩阵"来完成,如表 2-1 所示。

表 2-1　逻辑框架法规划矩阵

描述	目的证实指标	指标验证方法	重要假定条件
项目宏观目标	实现目标的衡量标准	资料来源采用的方法	目的和目标之间的假定条件
项目实施目的	项目运行状况	资料来源采用的方法	产出与目的之间的假定条件
项目产出	项目完成后的定量产出	资料来源采用的方法	投入与产出之间的假定条件
项目投入	投入的资源、成本、时间	资料来源采用的方法	项目的原始假定条件

逻辑框架汇总了项目实施活动的全部要素,说明了为什么开展项目、项目的目的、如何达到项目的目的、需要考虑哪些外部条件、如何检验项目的成果和目标等问题,按宏观目标、具体目标、产出成果和投入的层次归纳了投资项目的目标及其因果关系。

(1)宏观目标,是指项目实施的最高层次的目标,即宏观计划、规划、政策和方针等所指向的目标,该目标可通过几个方面的因素来实现。宏观目标一般超越了项目的范畴,是指国家、地区、部门或投资组织的整体目标。这个层次目标的确定和指标的选择一般由国家或行业部门选定,与国家发展目标相联系,并符合国家产业政策、行业规划等的要求。

国家电网公司和南方电网公司这类中央企业,所做的投资行为需要从大局出发,所以,电网生产技改项目后评价过程对于宏观目标的评价内容是整个后评价工作的重点。

(2)具体目标,也叫直接目标,是指项目的直接效果,是项目立项的重要依据,是设立项目的基本动机,一般应考虑项目为受益目标群体带来的效果,主要是社会和经济方面的成果和作用。这个层次的目标由项目实施机构和独立的评价机构来确定,目标的实现由项目本身的因素来确定。

项目的具体目标是项目实施管理过程的工作目标。

(3)产出,这里的"产出"是指项目"干了些什么",即项目的建设内容或投入的产出物,一般要提供可计量的直接结果,直截了当地指出项目所完成的实际工程,或改善机构制度、政策法规等。在分析中应注意,在产出中项目可能会提供的一些服务和就业机会,往往不是产出而是项目的目的或目标。

(4)投入,是指项目的全过程管理过程中投入的资源、财务成本和时间成本等。

二、逻辑框架法的逻辑关系

逻辑框架法的模式是一个二维框架表格,一个维度代表项目目标的层次(垂直逻辑),另一个维度代表如何验证这些目标是否达到(水平逻辑)。垂直逻辑用于分析项目计划做什么,弄清项目手段与结果之间的关系,确定项目本身和项目所在地的社会、物质、政治环境中的不确定因素。水平逻辑的目的是要衡量项目的资源和结果,确立客观的验证指标及对其指标的验证来进行分析。水平逻辑要求对垂直逻辑4个层次上的结果做出详细说明。

(一)垂直逻辑关系

上述各层次的主要区别是,项目宏观目标的实现往往由多个项目的具体目标所构成,而一个具体目标的取得往往需要该项目完成多项具体的投入和产出活动。这样,四个层次的要素就自下而上构成了3个相互连接的逻辑关系。

第一级是如果保证一定的资源投入,并加以很好地管理,则预计有怎样的产出;第二级是如果项目的产出活动能够顺利进行,并确保外部条件能够落实,则预计能取得怎样的具体目标;第三级是项目的具体目标对整个地区乃至整个国家更高层次宏观目标的贡献关联性。这种逻辑关系在逻辑框架法中称为"垂直逻辑",可用来阐述各层次的目标内容及其上下层次间的因果关系。

(二)水平逻辑关系

水平逻辑分析的目的是通过主要验证指标和验证方法来衡量一个项目的资源和成果。与垂直逻辑中的每个层次目标对应,水平逻辑对各层次的结果加以具体说明,由验证指标、验证方法和重要的假定条件所构成,形成了逻辑框架法的4×4的逻辑框架。

在项目的水平逻辑关系中,还有一个重要的逻辑关系,就是重要假设条件与不同目标层次之间的关系,主要内容是一旦前提条件得到满足,项目活动便可以开始;一旦项目活动开展,所需的重要假设也得到了保证,便应取得相应的产出成果;一旦这些产出成果实现,同水平的重要假设得到保证,便可以实现项目的直接目标;一旦项目的直接目标得到实现,同水平的重要假设得到保证,项目的直接目标便可以为项目的宏观目标做出应有的贡献。

对于一个理想的项目策划方案,以因果关系为核心,很容易推导出项目实施的必要条件和充分条件。项目不同目标层次间的因果关系可以推导出实现目标所需要的必要条件,这就是项目的内部逻辑关系。而充分条件则是各目标层次的外部条件,这是项目的外部逻辑。把项目的层次目标(必要条件)和项目的外部制约(充分条件)结合起来,就可以得出清晰的项目概念和设计思路。

逻辑框架分析方法不仅仅是一个分析程序,更重要的是一种帮助思维的模式,通过明确的总体思维,把与项目运作相关的重要关系集中加以分析,以确定"谁"在为"谁"干"什么"、"什么时间"、"为什么"以及"怎么干"。虽然编制逻辑框架是一件比较困难和费时的工作,但是对于项目决策者、管理者和评价者来讲,可以事先明晰项目应该达到的具体目标和实现的宏观目标以及可以用来鉴别其成果的手段,对项目的成功计划和实施具有很大的帮助。

(三)逻辑框架法的工作思路

将项目几个内容紧密相关、必须同步考虑的动态因素组合起来,通过分析它们之间的逻辑关系来评价项目的目标实现程度、原因以及项目的效果、作用和影响。逻辑框架法不是具体后评价完整的评价程序,而是为后评价人员提供一个分析工程项目建设工作成败得失的逻辑模式,是一种综合、系统地研究和分析问题的思维框架模式。通过应用逻辑框架法来确立项目目标层次间的逻辑关系,用以分析项目的效率、效果、影响和持续性。

(1)项目效率评价主要反映项目投入与产出的关系,即反映项目把投入转换为产出的程度,也反映项目管理的水平。

(2)项目效果评价主要反映项目的产出对项目目的和目标的贡献程度。

(3)项目影响分析主要反映项目目的与最终目标间的关系,评价项目对当地社区的影响和非项目因素对当地社区的影响。

(4)项目可持续性分析主要通过项目产出、效果、影响的关联性,找出影响项目持续发展的主要因素,并区别内在因素和外部条件提出相应的措施和建议。

第二节 对比分析法

对比分析法,又称比较法,是通过相关指标和数据的对比,评估计划的完成情况,分析产生差异的原因,进而挖掘内部潜力的方法。对比分析法通常是把两个相互联系的指标数据进行比较,从数量上展示和说明研究对象规模的大小,水平的高低,速度的快慢,以及各种关系是否协调。在对比分析中,选择合适的对比标准是十分关键的步骤,选择得合适,才能作出客观的评价,选择不合适,评价可能得出错误的结论。

对比分析法是后评价分析的主要方法,在项目后评价中,采用定量分析和定性分析相结合,以定量计算为主,定性分析为补充的分析方法,在指标和数据可比的基础上进行"设计效果"与"实际效果"对比分析和"有工程"与"无工程"的对比分析。

一、对比分析法的原则

相关联的两个指标对比,表明现象的强度、密度、普遍程度,如人均国内生产总值、人口密度、人均收入以及某些技术经济指标等。对比分析按说明的对象不同可分为单指标对比,即简单评价;多指标对比,即综合评价。之所以要对对比分析界定严格而明确的比较标准,源于看似概念简单的对比分析在实际操作的过程中不得不遵循的原则就是一个可比性的原则。具体来说,就是指标的内涵和外延可比、指标的时间范围可比、指标的计算方法可比、总体性质可比。

两个完全不具有可比性的对象进行对比分析是无法得出正确结论的。

二、对比分析法的形式

根据被比较指标的划分,对比分析法可以分为绝对数比较和相对数比较两种形式。

1. 绝对数比较

绝对数比较是利用相关联的两个绝对数指标进行对比,寻找二者之间差异。

绝对数比较相对简单,进行绝对数比较的基础是保证绝对数的精确性,绝对数比较法通常应用于对财务数据和生产数据的同比环比分析。

2. 相对数比较

相对数比较是由两个有联系的指标对比计算的,用以反映客观现象之间数量联系程度的综合指标,其数值表现为相对数。由于研究目的和对比基础不同,相对数可以分为以下几种。

(1)结构相对数:将同一总体内的部分数值与全部数值对比求得比重,用以说明事物的性质、结构或质量。如,居民食品支出额占消费支出总额比重、产品合格率等。

(2)比例相对数:将同一总体内不同部分的数值对比,表明总体内各部分的比例关系,如,人口性别比例、投资与消费比例等。

(3)比较相对数:将同一时期两个性质相同的指标数值对比,说明同类现象在不同空间条件下的数量对比关系。如,不同地区商品价格对比,不同行业、不同企业间某项指标对比等。

(4)强度相对数:将两个性质不同但有一定联系的总量指标对比,用以说明现象的强度、密度和普遍程度。如人均国内生产总值用"元/人"表示,人口密度用"人/km²"表示,也有用百分数或千分数表示的,如人口出生率用"‰"表示。

(5)计划完成程度相对数:某一时期实际完成数与计划数对比,用以说明计划完成程度。

(6)动态相对数:将同一现象在不同时期的指标数值对比,用以说明发展方向和变化的速度,如发展速度、增长速度等。

相对数比较法能够比较清晰地表示指标变化的速率或幅度,在实际的后评价工作中应用较为广泛。

三、对比标准的选择

采用对比分析法时,需要采用一定的对比标准来选择对比的对象,对比标准存在以下 4 种选择。

1. 时间标准

时间标准即选择不同时间的指标数值作为对比标准,最常用的是与上年同期比较即"同比",还可以与前一时期比较,此外还可以与达到历史最好水平的时期或历史上一些关键时期进行比较。

2. 空间标准

空间标准即选择不同空间指标数据进行比较。

(1)与相似的空间比较,如本市与某些条件相似的城市比较。

(2)与先进空间比较,如我国与发达国家比较。

(3)与扩大的空间标准比较,如我市水平与全国平均水平比较。

3. 经验或理论标准

经验标准是通过对大量历史资料的归纳总结而得到的标准,如衡量生活质量的恩格尔系数。理论标准则是通过已知理论经过推理得到的依据。

4. 计划标准

计划标准即与计划数、定额数、目标数对比。市场经济并不排斥科学合理的计划,因此计划标准对统计评价仍有一定意义。

四、对比分析法的分类

1. 定量分析法

定量分析法是指运用现代数学方法对有关的数据资料进行加工处理,据以建立能够反映有关变量之间规律性联系的各类预测模型的方法体系。对于各项生产指标,经济效益、社会影响、环境影响评价方面,凡是能够采用定量数字或指标表示其效果的方法,统称为定量分析法。

2. 定性分析法

定性分析法也称"非数量分析法",是主要依靠预测人员的丰富实践经验及主观的判断和分析能力,推断出事物的性质、优劣和发展趋势的分析方法。这种方法主要适用于一些没有或不具备完整的历史资料和数据的事项。在电网技术改造检修后评价中,有些指标(如宏观经济态势、管理水平、宗教影响、拆迁移民影响等)一般很难定量计算,只能进行定性分析。

3. 有无对比法

有无对比法是通过比较有无项目两种情况下项目的投入物和产出物可获量

的差异,识别项目的增量费用和效益,其中"有"、"无"是指"未建项目"和"已建项目",有无对比的目的是度量"不建项目"与"建设项目"之间的变化。通过有无对比分析,可以确定项目建设带来的经济、技术、社会及环境变化,即项目真实的经济效益、社会和环境效益的总体情况,从而判断该项目对经济、技术、社会、环境的作用和影响。

4. 前后对比法

前后对比法是项目实施前后相关指标的对比,用以直接估量项目实施的相对成效。一般情况下,"前后对比"是指将项目实施之前与完成之后的环境条件及目标加以对比,以确定项目的作用与效益的一种对比方法;在项目后评价中,则是指将项目前期的可行性研究和评估等建设前期文件对于技术、经济、环境及管理等方面的预测结论与项目的实际运行结果相比较,以发现变化和分析原因。

5. 横向对比法

横向对比法是指同一行业内类似项目相关指标的对比,用以评价企业(项目)的绩效或竞争力。横向对比一般包括标准对比和水平对比。标准对比是指项目建设和运行数据是否符合行业标准和国家标准,是否符合国家或行业行政审批、环境保护等政策、法规和标准。水平对比主要是为了更好地评价项目的技术先进性,需要与相同电压等级或容量等相类似工程的技术、经济、环境和管理等方面的指标进行对比,除了需要进行行业对比外,还应与国际先进指标进行对比,发现差距和不足,提出进一步改进的措施。

第三节　费用效益分析法和成本效用分析法

费用效益分析法和成本效益分析法是两个比较相近的分析方法,是将费用(或成本)与效益(或效用)相结合,来对项目进行分析评价。

一、费用效益分析法

费用效益分析,是指通过权衡各种备选项目的全部预期费用和全部预期效益的现值来评价这些项目,以作为决策者进行选择和决策的一种方法。

这种方法较多地用于工程建设的项目评价中。费用效益分析还被当作一种特殊形式的经济系统分析。因为它所比较的费用与效益都是作为与该经济活动的目标相关的后果而从社会的观点来考虑的,分析本身也是为了提供建议和帮助决策。

费用效益分析着重于费用与效益两方面的分别计量与相互比较。与财务会计核算不同,费用效益分析法具有以下特点:

(1)不单纯是从企业观点而是从社会观点来计量的。

(2)不是只分析直接的效益与费用,而是分析包括间接的效益与费用在内的全部的效益与费用。

(3)不限于货币收支的比较,还包括不能用货币反映甚至较难数量化的一些效益与费用的比较。

(4)不是考虑过去实际发生的效益与费用,而是预期决策后与行动方案选择有关的未来的效益与费用。

原则上,费用的计量应与稀缺资源的有效使用相符合,效益的计量应与政策的发展目标相符合。具体说来,一个方案或项目的费用包括基本费用(投资费用和经营费用)、辅助费用(为充分发挥效益而产生的有关费用)、无形费用(生态破坏、环境污染等引起的经济损失和社会代价);一个方案或项目的效益相应地也包括基本效益(能直接提供的产品或服务的价值)、派生效益(有关派生活动所增加的收入)、无形效益(增进国家安全、减少生命死亡、美化风景等社会效益)。在计量过程中,由于市场价格因税收、垄断等种种原因不能正确反映甚至极大歪曲投入与产出的社会价值,还由于某些项目(如时间、生命等)不是商品没有市场价格,但为了比较又需要给予货币估价,西方经济学家提出和使用了影子价格。他们认为采用影子价格能更好地反映机会成本。在计量中为了使不同时期的费用与效益能在同一基础上加总和比较,还需把未来时期的费用与效益通过贴现、回扣换算成为基年现值。

费用效益分析法相对宏观,用作具体电网生产技改项目的后评价时需要进行必要的简化,将某些不可评估的费用或效益省略。所以,在电网生产技改项目的后评价过程中,只用到了费用效益评价法的精神和思路,而不是方法本身。

二、成本效用分析法

成本效用分析法就是将投资项目的效用与成本进行比较,用成本效用比率来评价项目投资经济效益的一种方法。成本效用分析法也可以看作是费用效益分析在实际中的具体应用。

成本效用分析法有以下 3 种:

(1)当效用(效果)相同时,选择成本低的方案为优,也就是效用固定法。

(2)当成本相同时,选择效用(效果)高的方案为优,也就是成本固定法。

(3)当存在追加成本和增量效用(效果)时,选择增量效果(效用)的单位追加成本(费用)最低的方案为优。

效用分析既有定性分析,也有定量分析。通过定性定量的研究与比较,全面地反映项目的效用目标。定性分析是对项目价值总体的抽象描述。一般包括总体评估和部门、行业评估。

进行成本效用分析需要满足以下条件:

(1)待评价的方案数目不少于 2 个,且所有方案都是相互排斥的方案。

(2)各方案具有共同的目标或目的,即各方案是为实现同一使命而设计的。

(3)各方案的成本采用货币单位计量,各方案的收益采用非货币的同一计量单位计量。

成本效用法通常不作为针对单一电网生产技改项目的后评价方法,但可以用于对年度规划和计划的后评价工作,帮助决策者在后续工作中选择更优的工作方法或方案。

第四节　综合评价法

综合评价(Comprehensive Evaluation,简称 CE)也叫综合评价方法或多指标综合评价方法,是指使用比较系统的、规范的方法对于多个指标、多个单位同时进行评价的方法。它不仅是一种方法,而且是一个方法系统,是指对多指标进行综合的一系列有效方法的总称。综合评价方法在现实中应用范围很广。综合评价是针对研究的对象,建立一个进行测评的指标体系,利用一定的方法或模型,对搜集的资料进行分析,对被评价的事物作出定量化的总体判断。

综合评价以系统的整体最优为目标,对系统的各个方面进行定性和定量分析。它是一个有目的、有步骤的探索和分析过程,为决策者提供直接判断和决定最优系统方案所需的信息和资料,从而成为系统工程的一个重要程序和核心组成部分。其应用范围很广,一般用于重大而复杂问题的分析,如政策与战略性问题的分析、选择,新技术的开发、设计,企业系统的输入、处理和输出的分析等。

一、综合评价方法的特点

(1)评价过程不是一个指标接一个指标顺次完成,而是通过一些特殊的方法将多个指标的评价同时完成。

(2)在综合评价过程中,要根据指标的重要性进行加权处理,使评价结果更具有科学性。

(3)评价的结果为根据综合分值大小的单位排序,并据此得到结论。

由以上特点可见,综合评价可以避免一般评价方法局限性,使得运用多个指标对多个单位进行的评价成为可能。这种方法从计算及其需要考虑的问题上看都比较复杂,但由于其显著的特点——综合性和系统性,使得综合评价方法得到人们的认可,并在实践中广泛应用,如投资项目综合评价、工业经济效益综合评价、科技进步的综合评价、国家(地区)的综合实力评价等。随着计算机的普及,综合评价的计算方法的复杂性已经不成问题,其综合性和系统性表现得更加突出,使得综合评价方法作用突出。

评价过程也是一种决策过程。一般来说,评价是指按照一定的标准(客观/主观、明确/模糊、定性/定量),对特定事物、行为、认识、态度等等评价客体的价值或优劣好坏进行评判比较的一种认知过程,同时也是一种决策过程。

在综合评价中,其关键技术主要有以下几个方面:指标选择、权数的确定、方法适宜。因此,在应用和研究综合评价方法时,应当随时把握住上述 3 个方面的可行性和科学性。

综合评价在实际应用中具有如下明显的作用:综合评价能够对于研究对象进

行系统的描述;能够对于研究对象的整体状态进行综合测定;能够对于研究对象的复杂表现进行层次分析;能够对于研究对象进行聚类分析;能够有效的体现定量分析和定性分析相结合的分析方法。

准确地掌握和应用综合评价方法,要求使用者应当具备一定的统计学原理基础知识;数理统计基础知识;系统论的基础知识和相关学科的基础知识。在这些知识体系的结合下,通过使用者的实际努力,能够达到准确、熟练地应用综合评价方法的效果。

二、综合评价法的一般步骤

各种综合评价方法特点各异,但基本步骤大致相同。综合评价一般分为5步,前4步为基本步骤,最后1步为综合评价方法的扩展。

(一)选取评价指标,建立评价指标体系

综合评价的结果是否客观、准确,首先取决于被综合的评价指标是否准确、全面。因此,评价指标的选择是综合评价中的重要基础工作。

从方法上分,评价指标的选取有定性选择和定量选择2大类。

1. 定性选择评价指标

定性选择法也称经验选择法、专家咨询法。是指根据实际经验和专家的判断来选择评价指标的方法。

第一,要明确综合评价的目的和目标。

第二,对评价目标进行定性分析,找出影响评价目标的各层次因素,建立评价指标体系。

第三,在建立评价指标体系时应兼顾以下几个原则。

(1)目的性原则。任何的综合评价都是具有明显的目的性,因此,作为综合评价的基础的评价指标体系必须体现综合评价的目的性、满足综合评价的要求。

(2)系统性原则。系统性原则是指在综合评价指标体系的建立中,应当充分考虑各个指标之间的有机联系,被评价对象的各个方面是一个不可分割的有机整体。

(3)一贯性原则。一贯性原则是指综合评价指标体系的各个评价指标的选取个数、指标统计口径应当保证其在指标的各个要素上都具有时间上(可比年份、月份)的一贯性。

(4)独立性原则。尽量减少评价指标在概念、外延上的重叠和统计上的相关,选择独立性强、代表性和贡献最大的较少评价指标群。

(5)同向性原则。同向性是指各个指标在反映研究对象的特征和程度时、其数值的大小与其特征和程度的优劣的评价方法上是相同的,一般地说在具体选择中要求都以正指标、逆指标,或者中性指标形成,避免不同方向的指标在同一问题的应用时,因方向的不同而相互抵消,混淆了事物本质特征的反映。

(6)全面性原则。为保证综合评价结果客观、准确,在初步建立指标体系时应该尽可能多地选取可以概括反映被评价事物各个层面的基本特征的评价指标,以便最终确定指标体系时有筛选余地。

(7)可比性原则。选取评价指标时应注意指标的口径范围和核算方法的纵向可比和横向可比的原则。在对同一事物不同时期的评价中应注意纵向可比,而对同一时期不同事物之间的评价中应注意横向可比。

(8)可操作性原则。选取的评价指标不仅应符合综合评价的目的,更应有数据的支持。也就是说,评价指标的数据应容易取得,否则建立的指标体系只能束之高阁,无法实现综合评价的目的,从而也就无助于指导实际工作。目前,国内有一些指标体系的研究个案中没有充分注意到这一点。

第四,在选取评价指标时,还应注意与所采用的综合评价方法相协调。

第五,在进行综合评价指标体系的选择时,应当尽量选择相对指标来进行评价,同时注意相对指标与总量指标的结合应用。

2. 定量选取评价指标

定量选择评价指标也称数学选择评价指标,是指在备选的指标集合中,应用数学方法进行分析来确定评价指标的方法。

(二)确定评价指标的转换和综合方法

1. 评价指标同质性转换

综合评价的最终目的就是要将描述被评价对象的多个指标的信息加以综合

得到一个综合数值,然后对于综合数值进行比较分析,对被评价事物进行整体性评价。多个指标的综合应以各评价指标的同质性为前提。非同质的指标是不可比的,当然也就不能综合。但评价指标体系中的各个具体指标往往是非同质的。一方面,各指标的实际数值的量纲不同;另一方面,由于各评价指标反映的是被评价事物的不同侧面,因此,采用的指标形式可以有所不同,可以是总量指标,也可以是相对数指标或平均数指标,这样就会产生各评价指标的实际数值在数量级上存在差异。

指标的同质化转换可以用无量纲化的方法加以解决。

2. 确定汇总综合的方法

在将指标实际值转化为指标评价值后,就可根据被评价事物的特点,选取恰当的合成方法将各指标的评价值综合成一个指标,以得到一个整体性的评价。

3. 确定汇总指标的修正方法

汇总方法是从研究对象的实际整体数据上进行的综合汇总,然而在实际应用中往往要对于各个评价对象进行分类对待和特殊情况的奖惩,常常会出现这种情况:对于研究对象具有某方面的突出贡献时,在获得了综合评价结果之后,再加一定的分值,以体现其贡献;对于研究对象具有某方面的重大缺陷时,我们在获得了综合评价结果之后,再扣除一定的分值,以体现其不足等。因此,在获得了综合评价结果之后,还应当进行必要的修正。

(三)确定评价指标的权数

影响事物发展变化的因素有很多,而各个影响因素的影响程度是不同的,有主次之分,也就是说,在综合评价中,评价指标体系中的各个指标对被评价事物的作用有大有小,其重要性有所不同,因此需要加权处理。权数是衡量各指标在综合评价中相对重要程度的一个数值,一般以相对数形式表示。由于多指标的综合一般采用加权平均的方法,因此权数的确定直接影响着综合评价的结果,权数的变动会改变被评价对象的优劣顺序,所以权数确定在综合评价中是十分敏感而又重要的工作。

(四)综合指标的汇总合成

综合指标汇总合成的主要内容如下:

（1）根据指标体系的各个数据的标准值、评价汇总方法和权数，对于各个对象的各个层次的内容进行汇总合成为一个指标。

（2）比较合成指标的数值大小来判断各个对象的优劣程度。

综合评价的主要作用主要表现为根据经过综合之后得到的综合评价值的大小，对被评价事物进行排序比较分析。对综合评价值进行比较分析时，应注意以下几个方面：

（1）综合评价值反映了被评价对象的整体相对地位。

（2）综合评价值比较抽象地反映了被评价对象的一般水平或趋势。

（3）综合评价值增加了评价信息。由于综合评价值是在各评价指标实际值的基础上产生的，因此，除了综合评价值这个综合指标外，还有反映被评价事物各个方面的数据资料，为决策管理提供了多层面的信息。也就是说，综合评价可以进行整体评价分析，也可以进行各个层次和各个指标的评价分析。

（五）综合评价分析

经过上述技术处理之后，我们可以对于综合评价计算过程中得到的各种数据进行统计分析。在综合评价资料的统计分析中，主要包括以下内容：

（1）对于评价对象综合得分的排序分析。通过综合评价，各个被评价对象都具有一个（且只有一个）具体的综合得分，对于综合得分数据进行排序分析，能够描述和区分出各个评价对象的综合性优劣和好坏。

（2）对于评价对象的因素和指标影响分析。对于被评价对象特征的描述可以进行层次分解。因此，在进行综合时可以反映各个层次的特征，进而分析被评价对象的各个层次和各个具体指标的得分情况和各个层次和各个具体指标对于整体综合得分的贡献率、影响程度和方向。

（3）评价对象的类型分析。根据各个层次的得分和各个具体指标的得分，使用因素分析方法和聚类分析方法可以对于被评价对象的类型进行划分，以解决各个被评价对象的本质特征的描述问题。

（4）评价对象的动态分析。通过各个时期被评价对象的综合评价得分及各个层次和各个具体指标的得分比较分析，可以揭示被评价对象的动态变化情况和结构变化情况,增量的符号变动情况等。

(5)各个要素和各个具体指标的分布分析。通过各个层次的得分和各个具体指标的得分,可以分析各个层次因素得分在各个评价对象上的分布,各个具体指标在各个评价对象上的分布情况,以揭示各个层次因素和各个具体指标的分布特征。

第五节 其他可选后评价方法

对于项目后评价,除前述章节中介绍的几种方法,还有多种管理学和统计学方法在实际的后评价实践中或多或少的得到了应用,比如统计预测法、全生命周期成本评价法、因果分析法、成功度法等。

一、统计预测法

统计预测是对事物的发展趋势和在未来时期的数量表现作出推测和估计的理论和技术。统计预测以自然现象和社会现象发展规律为依据,以充分的统计资料和最新信息为基础,以统计方法和数学方法为手段,配合适当的数学模型,通过推理和计算,找出该事物数量变化的规律性,对事物未来情况从数量上作出比较肯定的推断,即从该事物未来可能出现的多种数量表现中,指出在一定概率保证下的可能范围。

统计预测作为一种预测技术被广泛应用于社会现象和自然现象的各个方面,在经济预测、社会预测、气象预测及科学技术预测各个领域中起着重要的作用。

统计预测为决策提供客观事物和现象的规律性认识。这些规律是通过对客观事物和现象的过去经验和资料进行定性和定量分析,经过一番"去伪存真,去粗取精,由此及彼,由表及里"的制作而发现的。并往往用数学模型加以描述。这种认识既可以用来评价过去,也可以用来预测未来,预测为决策降低决策风险提供了依据。

统计预测法包含统计和预测两部分内容:一方面,统计是指对已有数据和资料进行充分的积累和统计,统计的目的是为了找到相应的规律,对于项目后评价过程来讲,统计的过程可以看作是对以往项目实施和运行情况的总结归纳;另一方面,预测是指对事物未来可能出现情况的预先判断,这个判断的基础是统计分析得出的规律性,结合一些其他相关因素,凭借一定的预测模型,推导出事物发展的可能性,对于项目后评价过程,预测可以看做是对项目未来效益和未来运行情况的一个预判和预评价。

在市场经济条件下,统计预测的作用是通过各个企业或行业内部的行动计划和决策来实现的;统计预测作用的大小取决于预测结果所产生效益的多少。影响统计预测作用的主要影响因素有预测费用的高低、预测方法的难易程度、预测方法的精确程度等。

统计预测法最终指导决策的是预测的结果,所以统计预测法具有以下 3 个特点:

(1)统计预测法得到的预测结论一般是不可能绝对准确的。由于预测所研究的是不确定的事物和现象,影响他们的因素多而复杂,很难完全把握,这就决定了预测结果的不确定性,即使是基于海量数据和资料的预测结论,基于不确定性理论,也可能会有新的影响因素的加入,导致预测结果与未来实际情况之间存在偏差,即预测误差。

对于统计预测法,正确的应用方式应该是认真分析预测误差,找出预测误差的原因,努力提高预测的正确性,因此我们并不要去苛求预测的百分之百正确而只要求将事物的发展规律和趋势基本揭示清楚,为决策提供支持。

(2)预测结果的精确性随预测超前时间的延长而降低。由于随着超前时间的延长,也就是事物发展时间的延长,不确定性会随着时间累加,影响事物发展的历程,导致预测结果与未来实际出现较大偏差。

所以在应用统计预测法时,一定要对预测的有效期限进行明确说明,不同的预测有效期限需要在数学模型中进行差异化的考虑。

(3)统计预测结果的表达常常是预测区间或预测范围。对于统计预测法,由于是一种基于已有统计数据的预测或推演,可以认为是并没有确定性的输入条件,所以,为了保证预测结果的客观性和科学性,预测结果只能是一个区间或范围。

在项目后评价过程中,统计预测的方法应用的场景并不多,虽然几乎所有的项目后评价过程都涉及统计的过程和预测的过程,但二者并未关联在一起。

在电网生产技改项目后评价过程中,统计预测法可以针对某些相对没有经过大规模应用验证的新技术、新材料、新设备等生产技改项目,统计预测法可以作为一种辅助研究方法,来评估项目大规模推广后的效果和收益。

二、全生命周期成本分析法

全生命周期成本分析法,是通过对项目实施前后的项目实施对象的全生命周期成本进行分析比较,评价项目实施效果和项目开展的必要性。

资产全生命周期成本(LCC)对项目技术方案的初始投入成本、运维成本、检修成本、故障成本、退运处置成本等进行计算,具体方法如下:

(1)初始投入成本(CI),包含设备的购置费、建筑安装费和其他费用。购置费应包括设备实际采购价格、运输费及招标采购过程中所发生的相关费用;建筑安装费包括对项目相关基础设施、工艺系统和附属系统进行施工、安装,使之具备生产功能所支出的费用;其他费用包括完成工程建设项目所需的不属于购置费、建筑安装工程费的其他费用。

(2)运维成本(CO),包括每年设备运行、维护、消缺等工作所发生的成本费用之和,设备状态检修相应 A、B、C 类检修和试验费用等及费用明细计算过程。

$$运维成本\ CO=\sum_{i=1}^{t}\frac{设备第\ i\ 年运维成本}{(1+利率)^i}(t\ 为计算周期) \qquad 公式(2-1)$$

对于设备技术改造,采用初始成本系数法,将运维(检修)成本归并简化计算。如有相同设备或相似设备可供参照,且具备多年运维(检修)成本的积累与统计,则将可供参照设备最近一个检修周期内的年均运维(检修)成本,作为设备年度运维(检修)成本;若不具备上述条件,则按照每年设备初始成本的 2.5%,即设备第 i 年运维(检修)成本=设备初始投入成本×2.5%(根据《关于进一步深化电力体制改革的若干意见》及配套文件中规定,准许收入中新增固定资产的材料费和修理费按 1%和 1.5%核定);对于在役多年设备,设备第 i 年运维(检修)成本=设备最近一个检修周期内年均运维(检修)成本。

设备初始投入成本根据项目决算确定;设备最近一个检修周期内的运维成本,来源于该设备在该周期内检修成本及分摊到的运维成本(检修成本参照国家能源局颁发的检修定额,运维成本按设备占总站资产的比例分摊);利率参考银行存款年利率。

(3)检修成本(CM),应包含每年设备运行、维护、消缺等工作所发生的成本费用之和、设备状态检修相应 A、B、C 类检修和试验费用等及费用明细计算过程。

$$检修成本\ CM=\sum_{i=1}^{t}\frac{设备第\ i\ 年检修成本}{(1+利率)^i}(t\ 为计算周期) \qquad 公式(2-2)$$

计算方法参考运维成本计算内容。设备最近一个检修周期内的检修成本来源于该设备在该周期内检修成本,参照检修定额,利率参考银行存款年利率。

(4)故障成本(CF),应包含故障修复费及明细计算过程。

$$故障成本\ CF=\sum_{i=1}^{t}\frac{故障费用年值}{(1+利率)^i} \qquad 公式(2-3)$$

故障费用年值=故障修复费用=年平均故障概率×故障平均修复费用。

年平均故障概率由状态评价得出,故障平均修复费用参照电网检修工程预算定额,利率参考银行存款年利率。

(5)退役处置成本(CD),应包含设备退役处理(拆迁等)费用、设备退役残值或设备剩余使用价值及其明细计算过程。

$$设备退役成本\ CD=\sum_{i=1}^{t}\frac{设备退役处置成本}{(1+利率)^i}(t\ 为计算周期) \qquad 公式(2-4)$$

设备退役处置成本=设备退役处理(拆除等)费用+设备剩余使用价值,可采用拆除费用代替设备退役处理(拆迁等)费用。对于技术改造,因设备未达到使用年限,应计算设备剩余使用价值,设备剩余使用价值=[剩余寿命÷设计寿命×设备采购价格]。数据来源于拆除费用参考项目决算,利率参考银行存款年利率。

全生命周期成本分析法并不是一种全面的项目后评价方法,仅适用于项目实施前后的成本在寿命周期内的有明显变化的项目,也可以作为分析手段之一用于项目后评价的成本评价部分。

三、因果分析法

在项目后评价时，为了及时发现问题、分析问题，提出解决问题的对策、措施和建议，运用一定的方式方法，对这些变化进行因果分析，即主要通过对造成变化原因逐一进行剖析，分清主次及轻重关系，以便于总结经验教训，提出改进或完善的措施和建议。

该方法适用于针对评价内容的年度变化、阶段变化等方面进行原因剖析。

四、层次分析法

层次分析法把评价对象按总目标、各层子目标、评价指标顺序，分解为不同的层次，并建立递阶层次结构和两两判断矩阵；然后利用求判断矩阵特征向量的办法，求得每一层的各元素对上一层元素的权重，最后再用加权求和的方法递推各层指标对总目标的权重，包括以下步骤：建立层次结构→建立方案属性决策表→形成判断矩阵→判断矩阵一致性校验→判断矩阵权重求解→综合权重计算和排序。

层次分析法本质上属于系统分析法的一种具体方法，之所以将其单独列出，是因为某些专家学者认为，层次分析法更强调是层次，而不是系统。层次分析法适用于根据后评价报告分析内容建立递阶层次结构和相应的评价指标体系，并利用两两判断矩阵确定代表各层级指标相对重要性的权重。

五、成功度法

成功度评价法是依靠评价专家组的经验，对照项目立项阶段以及规划设计阶段所确定的目标和计划，综合测评项目各项指标的评价结果，对项目的成功程度做出定性的分析。

成功度法适用根据项目最终评价得分和评价标准判断项目的成功程度。

第六节　小结

本章介绍了项目后评价的几种可用的方法，事实上，除全生命周期成本分析法，其他分析方法都是可以看做是综合性的评估方法。在实际的后评价工作中，为了保证工作的规范性和标准性,相关的规定文件中往往会对分析方法进行明确的规定,比如供电企业的技改项目后评价评价方法主要为逻辑框架法和对比法。

逻辑框架法:通过投入、产出、直接目的和宏观影响四个层面对项目进行分析和总结。

对比法:根据项目实际情况,对照项目立项时所确定的目标,找出偏差和变化,分析原因,得出结论和经验教训。技改项目后评价对比法包括前后对比、有无对比和横向对比。

前后对比法是项目实施前后相关指标的对比,用以直接估量项目实施的相对成效。

有无对比法是指在项目周期内"有项目"(实施项目)相关指标的实际值与"无项目"(不实施项目)相关指标的预测值对比,用以度量项目真实的效益、作用及影响。

横向对比法是同一行业内同类项目相关指标的对比,用以评价项目的绩效或竞争力。

第三章　电网生产技改项目后评价管理

电网生产技改项目可以看作是一类系统工程，需要进行全过程的精益化管理。电网生产技改项目后评价工作是电网生产技改项目全过程管理的一个环节，其本身也是一项具有系统性和复杂性的工作。后评价工作的开展，涉及多个专业方向和专业部门，涉及电网生产技改项目的整个管理过程。

第一节　电网生产技改项目后评价工作实施流程

电网生产技改项目后评价工作，对电网生产技改项目的策划、实施、验收结算与运营整个过程的评估和评价。供电企业需要从全局的角度统筹考虑电网技改大修项目的后评价工作，按照相关规定和实际的评价需求，选择单个技改项目或项目群进行后评价，在充分调研的基础上，采取有效的评价方法，依照既定的后评价工作流程开展工作，做到"有依据、有计划、有效果、有措施"。

电网技改后评价工作流程通常包括确定目标项目（后评价工作项目立项）、招投标采购（确定后评价咨询单位）和后评价实施三个阶段，其中后评价实施阶段又包括项目启动、调研收资、编制报告、评审验收和成果应用等子阶段，见图3-1。

一、确定电网生产技改项目后评价的目标项目

为了保证后评价工作的有效性，在供电企业内部，电网生产技改项目后评价工作需要有计划、有重点地开展，而且从本质上讲，每一次后评价工作都是一个项目，需要按照项目管理的流程和规定进行。确定电网生产技改项目后评价工作目标项

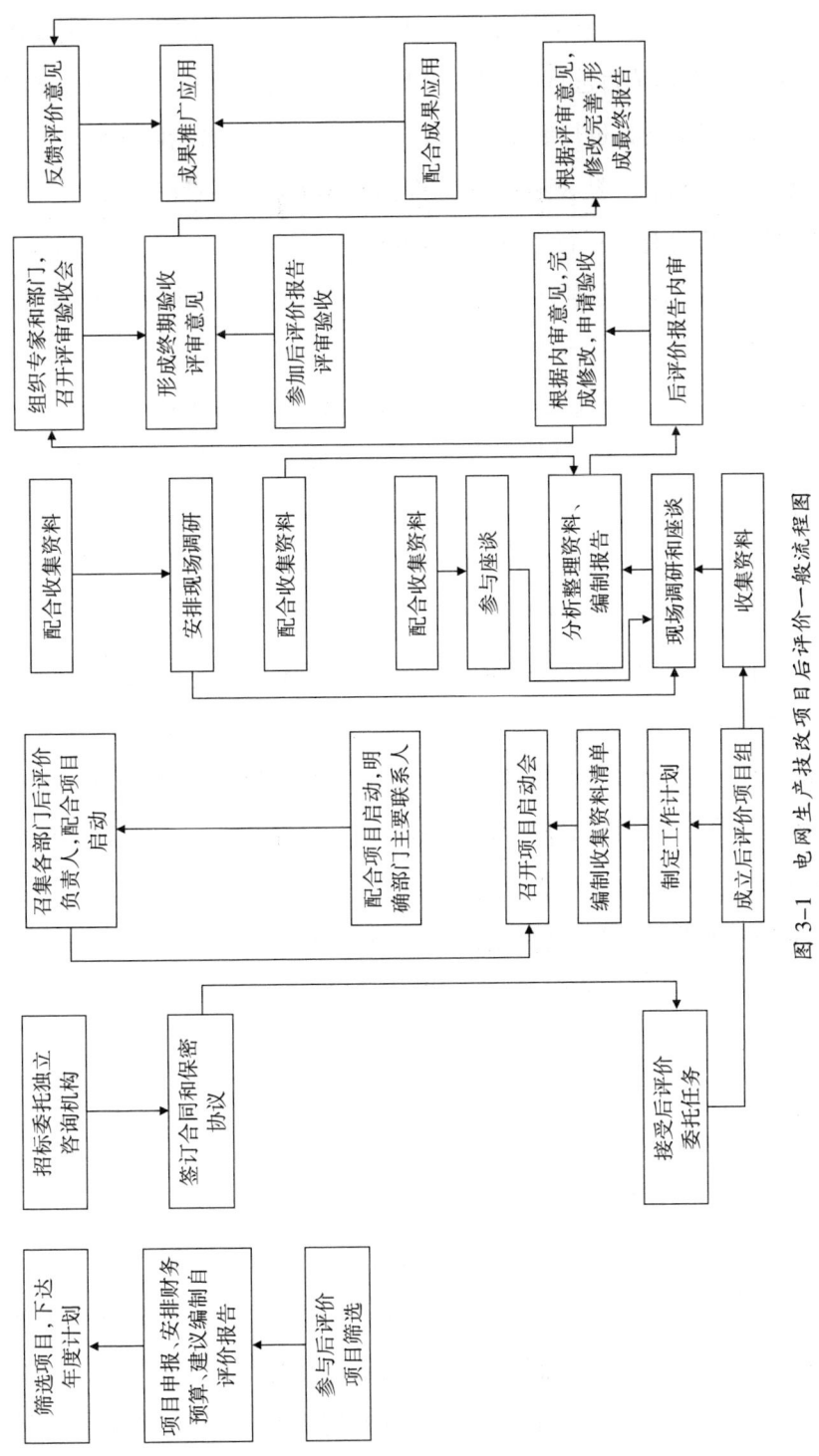

图 3-1　电网生产技改项目后评价一般流程图

目的过程可以认为是项目立项的过程。电网生产技改项目后评价工作,需要选取具有典型性的技术改造项目进行后评价,或者选取具有相同性质、同一目标或同一时期的项目群进行后评价,进行后评价目标项目筛选时,需要遵循以下原则:

(1)投资金额较大或建设过程中存在问题的生产技改项目。

(2)对电网安全稳定运行有重大影响的项目。

(3)设计方案、施工方案、设备采购方案较复杂或涉及招标采购的设备、服务单位较多的项目。

(4)对节约资源、保护生态环境、促进社会发展有重大影响的项目。

(5)采用的新技术、新材料、新设备等具有一定的示范性,或对其他项目具有借鉴指导意义的项目。

(6)为保障供电可靠性而进行的电网生产技改项目。

(7)其他有特殊需求或特殊意义的项目。

开展电网生产技改项目后评价,需要在项目竣工运行一年以上时间,能够积累足够的运行数据,能够充分显示技改效果或暴露技改缺陷;需要完成项目结决算等所有工作;需要项目具备相对完整的、覆盖项目全过程的基础资料。

为了便于项目后评价工作的开展,建议重大项目在项目筛选阶段编写自评价报告,供后续工作参考。

二、电网生产技改项目后评价招投标阶段

项目单位采取招投标或框架采购的方式确定咨询单位,咨询单位要遵循以下回避原则:

(1)参与项目后评价的工程技术咨询机构不得是该项目可行性研究报告(项目建议书)、初步设计文件的编制、评审及项目实施等参与单位。

(2)参与项目后评价的专家及报告编制者不得是该项目的决策者、前期咨询、设计或评审者,不得是该项目管理或运营阶段的参与者。

与确定的咨询单位进行合同签订时,合同中应规定后评价的内容和深度要求、资料的提供和协作要求、咨询团队的人员情况、合同履行期限和成果的提交要求等内容,还必须签订相应的保密协议,明确保密的范围及双方的权利和义务等。

三、后评价实施阶段

(一)项目启动

后评价合同签订之后,进入项目启动流程,项目启动会是项目启动流程中的必要环节。第一,通过召开启动会,项目单位后评价工作牵头部门可以召集各部门后评价具体负责人,明确主要联系人,便于针对收集资料工作项目单位责任到人;第二,咨询单位可以通过启动会,与项目单位各部门建立联系,方便在后评价工作中进行沟通;第三,通过启动会,项目单位和咨询单位可以逐项落实收集资料清单文件和提资部门,同时确认提资的完成时间。

后评价工作启动之后,咨询单位应在项目单位的指导下成立项目组,明确后评价工作的负责人及专家组构成,专家组成员要涵盖项目实施过程中的所有专业,并包含内部专家和外部专家。其中项目领导组履行的是项目负责人的职责,负责项目的组织实施、协调和进度控制;专家组负责后评价过程的技术支撑,负责报告规划并对报告的技术质量进行把关;报告编写组负责后评价报告的编写工作。后评价项目组构成及分工如图3-2所示。

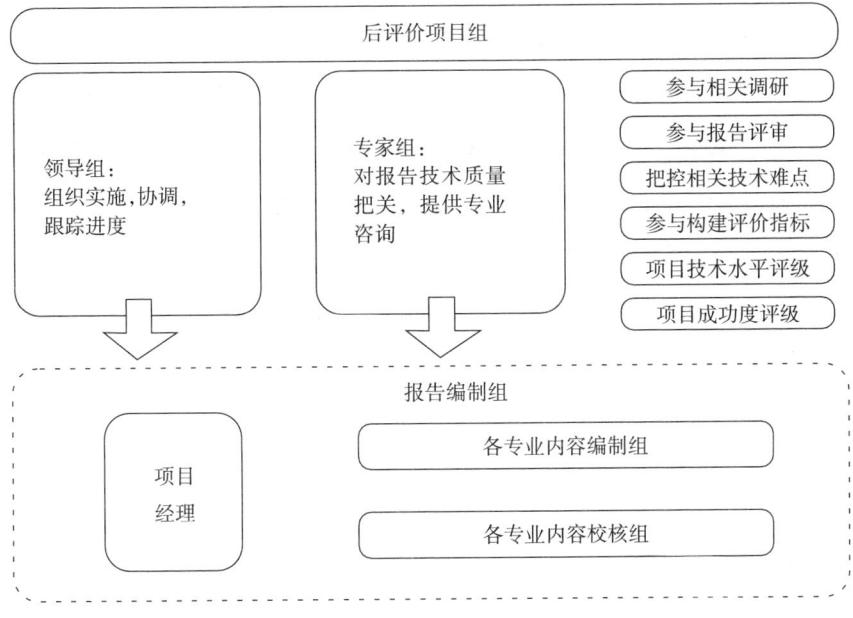

图 3-2　后评价项目组构成及分工

咨询单位应根据项目单位对后评价工作的进度要求，制定合理的工作计划，工作计划应包括项目计划进度、项目组成员分工、工作重点、质量目标、研究路线和方法等内容。咨询单位需要充分考量工作计划是否充分、技术路线是否可行、研究方法是否合理、研究内容是否完整，必要的时候需要进行评审。工作计划是后评价工作的龙头，编制要尽可能周详，明确每一步工作计划的相关要求，以指导项目启动、现场调研、收集资料、编写报告和项目验收等工作。

（二）后评价工作调研收资

后评价工作开始后，项目组成员需要进行资料的收集整理，项目单位负责向咨询单位提供后评价对象的资料和档案，项目单位应保证资料和档案的正确、翔实和完整。在项目收资过程中，咨询单位需要根据项目需要，编写收资清单，项目单位根据收资清单提供资料。

项目资料收集完成后，项目组需要对资料进行分类整理和归并，使资料具有合理性、准确性、完整性和可比性，能够直接应用于后评价分析。同时，项目组专家要对资料进行针对性分析，如果需要进行现场调研和座谈，项目负责人根据项目单位的要求和后评价工作的需要，编制现场调研和座谈的提纲。

1. 现场调研

根据后评价调研计划，开展现场调研工作。调研组参观项目现场，听取项目运行单位和建设单位的总体汇报。然后调研组分专业深入调研，查阅相关资料，对有疑问的数据进行核准；根据调研提纲，对前期收集资料过程中发现的问题与运行单位和建设单位进行讨论，在讨论过程中，调研组应安排专人做好会议纪要。对现场调研中难以解决和需要核准的数据，要进一步落实提供准确资料和数据的负责人、联系人和提交完善后的资料、数据的期限，保证在后评价报告编制过程中发现的问题能及时有效地沟通。

2. 座谈

调研组可通过召开座谈会的方式，收集真实、完整的项目资料、数据和信息，通过与项目单位相关部门代表和参建单位代表（包括设计单位、监理单位、施工单位、物资采购单位和调试单位）座谈，了解项目在决策、施工和验收等各个阶段的特殊点,以及需在项目评价过程中重点关注的内容。调研组通过现场座谈了解的一手信息,可以再进一步查看现场和查阅档案资料,就相关问题进行充分讨论,达成共识。

调研和座谈是进行项目后评价工作的有效手段,能够一定程度地反映项目的实际情况,由于国家电网公司和南方电网公司这类供电企业,内容有严谨的项目管理制度和档案管理制度,所以并不是所有的电网生产技改项目后评价工作都需要调研和座谈,而是通过项目档案作为资料的有效来源。

(三)后评价报告编写

现场调研结束后,专家组成员根据调研提纲和重点调研内容,编制调研报告,作为后评价报告编写的重要依据,指导下一步编制组的报告编写工作。

咨询单位完成资料收集和现场调研等工作后,按照既定工作思路,开始撰写后评价报告。在后评价报告编写过程中,项目组成员需要对前期工作进行充分挖掘和总结,保证能够全面、真实、深刻的反应项目情况,发现问题、分析原因、寻求对策,做好各种分析研究工作。对项目的实施情况,运用调查收资、对比分析和综合评价等后评价方法,通过对照项目的直接目标、宏观目标和其他既定指标,对项目的实施效果进行评价。

(四)评审验收阶段

后评价报告编写完成后,项目单位要组织对后评价报告进行评审验收。组织相关专业人员对后评价报告的完成情况、完成质量、完成深度等进行评审,形成评审意见后,咨询单位要根据评审意见修订后评价报告。原则上,课题组成员所在单位人员及课题顾问不能作为验收专家组成员。验收专家组根据合同对后评价报告进行验收,主要评估后评价工作是否客观、公正,是否达到合同中的要求及评价深度的情况,并由验收组长确定验收意见。后评价报告深度应满足国家发展和改革委员会、国资委和各电力公司相关后评价报告深度文件的要求。

通过验收后,项目单位根据合同相关条款完成咨询单位经费支付。咨询单位根据评审意见完成报告修改后,将最终报告及验收的相关材料一并报送项目单位,完成后评价成果移交。

（五）后评价成果应用

1. 后评价成果形式

项目后评价的成果表现形式主要有后评价报告、专项评价报告、简报和通报及后评价年度报告，其中项目后评价报告是评价结果的汇总，是反馈经验教训的重要文件。

项目后评价报告基本内容主要包括项目概况、评价内容、主要变化和问题、原因分析、经验教训、结论和建议、基础数据和评价方法说明等。

项目专项评价是根据项目实际情况，对于项目实施中问题多发环节或成果显著过程进行专项评价，目的是发现问题、总结经验。单项后评价可以针对某一项目的某一建设环节作为评价对象，也可以对建设单位在某一时间范围内竣工投产的相同或类似项目的同一建设环节进行专项后评价。

后评价简报是用于企业内部传递情况或沟通信息的简述报告。后评价简报可以采用多种形式，如专题简报和工作简报。简报主要是反映工作情况和问题，及时对后评价中的重要问题在企业范围内通过企业内部会议形式或者内部网络平台进行发布。

后评价通报是上级把有关事项告知下级的公文，通报从性质来分，包括表扬通报、批评通报和情况通报。后评价工作情况可以通过通报形式传达给相关部门，目的是交流经验，吸取教训，推动工作的进一步开展。

后评价年度报告，围绕和突出企业技术改造项目建设与管理的大局和主流，抓住趋势性和规律性的问题，在已有后评价成果的基础上进行系统总结和提炼，在宏观管理层面上发挥积极作用。

2. 后评价成果应用

对于后评价成果，项目单位应进行发布和组织相关岗位进行培训学习，在此过程中，咨询单位要根据需要进行配合。项目单位的投资计划部门应对项目后评价成果进行分析、评议，总结经验教训，提出完善和改进类似工程的实施建议和意见，保证发现的问题能够在后续的项目中避免，成功的经验得到借鉴和应用。

电网项目后评价成果的应用是一个具有连续性的过程，配合供电企业相关的制度、规定和管理系统,通过培训中心等机构,对响应的岗位进行培训学习,形成一个持续性的、不断迭代的后评价成果应用过程。

后评价工作完成后,为更好地发挥其应有的作用,通过召开成果反馈讨论会、内部培训和研讨,以及建立后评价动态数据共享平台库等形式进一步推广项目管理经验。

通过后评价成果反馈讨论会,可以在更高的层次上总结经验教训,集中反映问题和提出建议,为完善项目决策提供重要参考依据;通过多层次、多形式的研究成果与信息反馈,将项目后评价成果与项目决策、规划设计、建设实施、运行管理等环节有效地联系起来,实现投资项目闭环管理,提高后评价工作的实效性。成果反馈讨论会可以针对某一项目,也可以根据实际情况对项目组或项目群进行集中讨论,项目后评价讨论会由项目单位组织召开。

企业内部培训是根据其自身的特点和发展状况而"量身定制"的专门培训,旨在使受训人员的知识、技能、工作方法、工作态度及工作价值观得到改善和提高,从而发挥出最大的潜力,提高个人和组织的业绩,推动组织和个人的不断进步,实现组织和个人的双重发展。后评价是项目建设的重要环节,项目后评价的功能和作用主要围绕总结项目经验教训,以供后续同类项目借鉴,提升项目决策管理水平为主,宏观的投资决策、发展战略、政策措施建议为辅。可以内部培训和研讨,更好地理解后评价理论方法和实务方法,促进项目投资决策和管理水平的不断提升。

第二节　电网生产技改项目后评价报告构成

为了避免后评价工作有所遗漏,电网生产技改项目后评价报告通常情况下需要遵照相关的模板编写,报告模板可根据供电企业自身情况编制,也可采用常规模板。

一、编制单位资质情况

这部分内容需要介绍报告编制单位的资质情况,包括相应的资质证书及对应的文字说明。

二、参加评价人员名单和专家组人员名单

这部分内容需要介绍参加评价的人员名单和专家组人员名单,需要对主要人员的资质和专业情况进行简单说明。

三、总则

总则部分主要是针对本后评价报告的评价方法、评价目的、评价依据、后评价原则和内容深度、后评价要求和后评价内容及重点等进行概括性描述。

(一)评价方法论简述

这部分内容需要介绍在本次后评价工作过程中采用的后评价方法,通常采用的是逻辑框架法和对比分析法。

(二)评价目的

评价目的部分主要说明进行本次后评价的直接目的。

生产技术改造项目后评价的目的在于运用科学、系统的评价方法与指标,全面总结项目的实施过程,分析项目的运营绩效,实现项目的全流程闭环管理,评价突出问题导向,聚焦效率效益,发现投资项目潜在风险,提出相应对策建议,辅助实现精准投资、精益管理。

(1)通过对该项目的后评价,根据评价结果改进企业内部生产技术改造管理工作。

(2)通过对该项目的后评价,总结该项目投资建设的经验,为企业调整和完善此类项目的投资政策和发展规划提供参考,提高此类建设项目的决策水平和投资效益,实现可持续发展。

(3)通过总结该项目建设过程所取得的成果、经验及不足,为企业内部投资的电网技术改造工程项目的审批、设计、建设、管理等工作提供借鉴和指导。

(三)后评价依据

这部分内容主要介绍本次后评价工作依据的标准、法规、规定文件等,一般包括以下国家规定:

(1)国务院 2004 年 7 月发布的《国务院关于投资体制改革的决定》(国发

〔2012〕20 号）。

（2）国务院国资委 2005 年 5 月发布的《关于印发中央企业固定资产投资项目后评价工作指南》（国资发规划〔2012〕92 号文）。

（3）国家电力监管委员会 2020 年 4 月印发的《重大活动电力安全保障工作规定》。

除上述国家规定，还应包括供电企业内部与后评价对象相关的管理规定、技术规范和后评价管理相关的规定，例如针对电网生产技改项目，应包括电网生产技改工作储备、实施、验收和结决算相关的全过程管理规定。

（四）后评价原则和内容深度

这部分内容说明本次后评价工作的工作原则和内容深度相关的要求。通常要求项目后评价工作遵循独立、公正、科学的原则。

1. 独立性

后评价工作应独立开展，评价者应独立进行分析研究，不受外界的干扰或干预，提出独立的评价意见和建议。

2. 公正性

评价者在调查研究、分析问题、做出判断和提出建议时，须客观公正，遵守职业道德。

3. 科学性

评价者应坚持科学的态度，依据可靠的衡量标准，采用正确的分析方法，得出科学合理的评价结论。

（五）后评价要求

通常要求后评价报告的编写应遵循真实、客观、实用的要求。

1. 真实性

后评价项目单位应确保所提供资料的真实有效，后评价报告应基于项目全过程实际资料进行分析，必要时应附现场改造前后的图片资料。

2. 客观性

后评价报告应通过招标等方式委托具有相应资质的第三方工程技术咨询机

构开展。

3. 实用性

后评价报告应针对性强、实用性强,评价结论和建议应为后续项目管理提供有价值的经验参考。

(六)后评价内容及重点

这部分内容概括说明本次后评价工作的工作内容,通常包括项目前期工作评价、项目实施管理工作评价、项目投资管理评价、项目进度评价、质量管理评价、安全控制评价、项目管理评价、项目运行情况评价、安全评价、效能评价、效益评价、社会效益和环境影响评价、环境影响评价、综合评价结论及总结。

四、报告正文

报告的正文部分是整个报告的核心,要求涵盖本次后评价工作要求的所有内容。

(一)项目概况

简单介绍项目的基本情况,包括建设地点、技术改造工作内容、建设单位等基本信息。必要时,可配合项目实施前后对比照片。

1. 项目情况简述

概述项目建设地点、项目业主、项目系统功能、项目显著特点、获奖情况以及项目开工和竣工时间。

2. 项目决策要点

概述项目决策的依据、背景以及预期目标。预期目标需要量化。

3. 项目主要建设内容及规模

项目核准、初步设计批复以及实际完成的建设内容与规模进行对比分析。

4. 项目实施进度

项目建设起止时间、工期,变电站安装、土建工期,线路单千米建设工期。

5. 项目总投资

项目核准的投资估算、初步设计的批复概算(包括调整概算)、竣工决算。

6. 项目资金来源与到位情况

项目经批准的资金来源,资金到位情况,竣工决算资金来源及不同资金所占的比重。

7. 参建单位

项目包含的各单项工程设计、施工、监理、调试等单位资质及主要完成的工作。

(二)项目前期工作评价

针对项目前期策划和储备过程进行评价,包括规划阶段评价、可研阶段评价等,主要评价可行性研究报告的质量、项目评审的合理性、项目立项的合理性、项目决策的科学性和流程上的合规性。

(三)项目实施管理工作评价

针对项目的实施过程进行评价,包括项目的实施准备过程、项目实施过程、项目竣工验收过程等进行评价,这部分内容是后评价报告的重点内容之一。

(四)项目投资控制评价

对总投资结余情况进行分析和评价,对比实际竣工决算与投资估算、批准概算的投资差额和结余率,评价结余率是否符合有关管理要求。

对单项工程投资结余情况进行分析和评价,分析 4 项费用的变化幅度和变化率,着重从工程量、主要设备材料价格变化来分析投资差距及原因。

(五)项目运行情况评价

对项目完成后的运行情况进行评价,主要从技术角度对比项目实施前后的运行指标和设备性能。

(六)社会效益和环境影响评价

对项目竣工运营后产生的社会效益和环境影响进行评价,社会效益主要评价生产技改工程对区域经济社会发展、产业技术进步、用户服务质量等方面的影响,环境影响主要评价项目对环境的影响。

(七)评价结论

对前述项目评价内容进行归纳和总结,从项目整体的角度分析评价项目目标的实现程度和成功度等,对项目进行综合分析后,找到重点,总结问题和经验教训,提出建议和解决措施,给出后评价结论。

五、附件

后评价报告的附件是项目实施过程中的一些档案资料和文件,用于对后评价报告的正文内容进行支撑,包括项目立项可行性研究报告、项目主管部门批准文件、项目招标资料(邀请书、评标报告、中标通知书)、项目设计、监理、采购、施工、设备安装、试验等合同、项目相关设备测试鉴定报告(厂方出厂试验报告,现场测试报告)、项目监理、设备监造等报告(概述和结论部分)、项目竣工验收报告、项目竣工决算报告、项目运行情况报告(项目验收完成至后评价期间应用情况)、项目获奖证明资料有关项目的其他文件资料。

六、定性分析评价表

依据评价内容和评价方法进行全面分析得出的结论,包括定性评价结论和定量评价结论。

定性分析内容主要包括项目全过程回顾、前期工作、准备阶段、实施过程以及项目全过程管理评价,占项目评价权重35%。定量分析指项目安全(包括安全预期目标实现程度)、效能和效益评价,安全评价占项目评价权重30%,重点做好性能指标偏差程度评价;效能评价占项目评价权重15%,重点做好效能指标偏差程度评价;效益评价占项目评价权重的20%,主要按照资产全寿命周期成本方法对项目实施效益进行评价。二项综合评价等级为80分及以上为成功、60分及以上基本成功、60以下为不成功,见表3-1。

表3-1 定性分析评价指标

指标名称		指标内容	满分条件	偏差说明	评分权重	分值
可研设计		可研报告	有切实、完整的可行性报告		8%	
			可行性报告经过评审、批准;立项决策科学、合理		6%	
		方案设计	有正式的设计方案(文件)		6%	
			方案设计经过评审、批准		6%	

续表

指标名称		指标内容	满分条件	偏差说明	评分权重	分值
实施		采购合同	采购程序符合公司采购管理规定		5%	
		进度控制	项目按计划完成		5%	
		资金管理	资金使用符合规定,及时形成固定资产;预算合理,费用不超支		5%	
			有竣工决算		5%	
		安全措施(系统、消防、隔离、设备事故、人身事故等)	安全措施充分		3%	
			未发生人身事故		2.5%	
			未发生火灾或系统、设备事故		2.5%	
		环保控制(生态、废气、废水、废物、电磁)	不影响环境保护或对环境有改善		5%	
		施工组织(新老系统/设备过渡、实施组织协调、人员落实)	有专门的项目实施组织		2%	
			项目有关人员职责分工明确		2%	
			项目实施过程有专人协调		2%	
			新老系统/设备隔离、过渡有措施,实施顺利		2%	
验收		目标实现	全部项目质量优良		5%	
			全面实现立项目标		10%	
		性能、功能测试	验收手续完备		5%	
			全面完成项目性能、功能指标测试		8%	
文档		过程文件	资料真实完整		5%	
			总分×100%			

第三节　电网生产技改项目前期工作评价

项目前期工作评价是根据有关规定,对项目前期工作展开评价,评价项目可行性研究报告质量、项目评审的合理性、项目立项的合规性及项目决策的科学性等。由于项目实施过程在很大程度上依据项目前期工作中的可研报告、项目概预算等文档资料开展工作,对项目前期工作的评价能够在一定程度上保证整个后评价工作的客观准确。

一、电网生产技改项目前期工作评价内容与要点

项目前期工作评价主要是对项目前期储备到核准阶段的工作总结与评价,主要内容包括项目前期组织评价、项目规划评价、项目可行性研究评价等。

(一)项目前期组织评价

项目前期组织评价部分包含前期组织管理和前期组织过程两部分内容。

项目前期组织管理主要对电网生产技改项目的前期组织管理的合规性和科学性进行评价,即对项目储备管理的评价。电网生产技改项目储备经过两个阶段:可研阶段和储备阶段。可研阶段包括项目可研编制、项目可研评审、项目可研批复。项目可研编制主要要求为限上项目、单项投资总额在 200 万元及以上的限下项目编制项目可行性研究报告,其他项目可编制项目建议书;可行性研究报告由具有相应资质的单位编制,项目建议书可由项目单位编制;可行性研究报告原则上应达到初步设计深度,并按照资产全寿命周期管理要求,通过安全、效能和全寿命周期成本分析等,实施改造或大修比较决策优化评价与方案论证;项目建议书须说明设备评价情况、立项原因、项目内容、项目投资、项目方案、效益分析等内容。项目可研应满足物资采购招标要求,并附拟拆除设备技术鉴定及处置意见。

项目的前期组织过程评价主要是项目的储备组织过程进行回顾,评价组织过程是否符合相关的管理规定和管理流程。

(二)项目前期工作过程评价

对项目前期工作的整个过程进行梳理回顾,分析项目前期储备过程中的实践基础、数据基础等,初步评价可行性研究报告的编制程序和内容是否符合可研编制与评审要求,是否客观真实地反映了现有设备实际情况、是否合理确定了改造工程的宏观、微观项目目标,是否客观翔实地反映了项目开展的必要性和可行性。

(三)项目可行性研究报告评价

1. 项目可行性报告内容

对于电网生产技改项目,项目可行性报告的具体内容应符合供电企业的相关管理规定和技术规范,应包括以下内容:第一部分"工程概算"包括编制依据、工程现状、项目预期目标、依据及经济技术原则、可研范围和规模、主要技术经济指标;第二部分"项目必要性"包括安全性分析、效能与成本分析、政策适应性分析、结论;第三部分"项目技术方案"包括项目可选技术方案、技术方案比选、技术方案选择、技术方案详细内容;第四部分"经济性与财务合规性"包括工程现状、改造方案、短路电流计算及设备选择、主要工程量;第五部分"项目拟拆除设备处置意见"包括改造内容;第六部分"投资估算";第七部分"附图";第八部分"需说明的问题";第九部分"附件"包括可研估算、拟拆除设备清单、主要拟拆除设备评估鉴定表、甲供材清单、设备基本情况。

2. 可行性研究报告编制深度评价

可行性研究报告编制深度的评价,主要是依据供电企业对于电网生产技改项目可研报告编写相关的管理规定和技术要求,对可研报告的内容进行分析梳理,评价可研报告的编制深度。

对于项目建设的目标体系、建设资金筹措来源及经济、社会效益分析、工程实施安排,应有较为详细的论述。

对于项目建设必要性不能只有结论性意见,应在充分阐述事实的基础上,对安全性、效能与成本、政策适应性进行具体论述、分析。

对于项目技术方案,应对项目技术方案实质性内容进行论述和研究分析,具有客观完善的技术实施方案方面的论述。

对于设备全寿命周期成本进行比较、分析,应满足供电企业对可研报告编制深度的要求。

3. 可行性研究报告评价结论

对可行性研究报告的评价情况进行总结归纳,得出评价结论。

(四)可行性研究报告审批评价

按照供电企业可研报告评审管理相关规定及惯例,对项目的可研报告的评审流程、评审文档和评审质量进行分析评价。

(五)可行性报告质量

对可行性报告的质量进行概括性评价，评价可研报告框架结构是否完整，内容是否已充实全面，存在哪些问题或不足，找出问题并给出解决措施的建议。

二、电网生产技改项目前期工作评价依据

电网生产技改项目前期工作评价的依据主要是国家、行业、企业相关的管理规定和文件等，主要依据见表 3-2。

表 3-2 项目前期工作评价依据

序号	评价内容	评价依据	
		国家、行业、企业相关规定	项目基础资料
1	项目前期组织评价	生产技术改造工作管理规定 生产技术改造原则	项目储备清单
2	项目规划评价	生产技术改造项目规划管理规定	(1)规划报告 (2)完成项目数据
3	项目可行性研究评价	生产技术改造项目可行性研究内容深度规定 生产技术改造项目可行性研究编制与评审管理规定	(1)可行性研究编制单位资质证书 (2)可行性研究报告文本 (3)可行性研究编制委托书 (4)可行性研究报告评审意见 (5)可行性研究报告批复

第四节 电网生产技改项目实施管理后评价

电网生产技改项目实施管理后评价指的是对项目实施管理展开的后评价工作，包括项目实施准备工作后评价和项目实施过程后评价两大部分。

一、项目实施准备工作评价

项目实施准备工作评价包括初设评价、施工图设计评价、招投标管理评价、施工组织设计评价，评价初步设计到正式开工的各项工作是否符合国家、行业及企业的有关标准、规定。项目实施准备工作评价的目的主要是按照开工前充分做好准备工作的要求，对项目是否适应建设和施工需要以及实施准备工作的合理性和合规性进行评价。

（一）初步设计评价

初步设计评价是评价初步设计的内容是否完整以及编制格式和深度是否符合相关管理规定的要求。其主要包括初步设计单位资质评价、初步设计审批情况评价、初步设计质量评价等。

1. 初步设计单位资质评价

核实初步设计单位资质等级和设计范围，评价初步设计单位是否具备承担项目的资质和条件。

2. 初步设计审批情况评价

简要叙述初步设计评审与批复情况，评价其是否符合国家、行业、电网企业的相关管理规定。

3. 初步设计质量评价

初步设计质量评价主要包括初步设计进度评价和初步设计质量评价。

（1）初步设计进度评价。评价初步设计是否按计划进度完成；若有推迟设计进度的，应说明其原因。

（2）初步设计依据评价。检查项目是否依据国家相关的政策、法规和规章，工程设计有关的规程、规范，可行性研究报告及评审文件，设计合同或设计委托文件等开展初步设计工作。

（3）初步设计内容深度评价。简要叙述初步设计文件包括的主要内容，评价其是否符合行业、电网企业规定内容深度的要求。典型的内容深度评价见表3-3。

（4）对比初步设计的技术方案、施工过渡方案、主要设备材料选型与可行性研究报告、实际施工中的差异，分析差异产生的原因见表3-4。

（5）对存在多次批复的项目，分析差异及原因，评价初步设计的质量。

（二）施工图设计评价

施工图是电网生产技改项目实施过程中的直接依据，原则上，所有的电网生产技改项目必须具有完备施工图，并经过施工图审批环节。

施工图设计评价主要包括施工图设计质量评价、施工图交付进度评价和施工图会审及交底情况评价。主要评价施工设计文件内容是否规范齐全，引用标

表 3-3　初步设计内容深度评价表

序号	内容要求	主要内容简述	是否达到深度规定及要求
1	设计依据	设计依据主要包括国家政策、法规;工程设计的规程、规范;可行性研究报告及批复文件;上级部门或业主单位对工程的特殊要求以及有关的技术协议书、会议纪要、设计合同或设计委托文件	
2	现状及项目实施必要性	包括项目的设备现状、改造原因及其期望达到的目标	
3	设计规模和设计范围	说明设计的规模和设计范围	
4	设计方案	阐述采取的技术方案、过渡方案等	
5	施工组织设计	阐述采取的施工组织方案等	
6	主要设备材料表	改造设备本体主变压器、控制电缆等	
7	项目概算书	编制项目的概算书	
8	技术经济特性	编制工程项目主要技术经济指标表	

表 3-4　项目初步设计一致性统计表

项目	可行性研究批复	初设批复	实际建设	差异情况
技术方案				
施工过渡方案				
主要设备选型				
……				

准是否正确、表达方式是否一致,设计方案表达是否简明,是否满足项目管理的要求。

1. 施工图设计质量评价

(1)施工图设计依据评价,检查项目依据的标准是否充分且适当。电网生产技改项目应依据国家相关的政策、法规和规章,电力行业设计技术标准和供电企业标准的规定,批准的初步设计文件、初步设计评审意见、设备订货资料等开展施工图设计工作。

（2）施工图设计内容深度评价。简要叙述施工图设计文件包括的主要内容，分析其是否符合行业、电网企业规定内容深度的要求。

（3）分别对比施工图设计的技术方案、施工过渡方案、主要设备材料选型与初设批复、实际施工的差异，分析差异产生的原因，评价施工图设计的合理性，见表3-5。

表 3-5　施工图设计一致性统计表

项目	可行性研究批复	初设批复	实际建设	差异情况
技术方案				
概预算				
设备选型				
……				

2. 施工图交付进度评价

评价施工图设计是否按计划进度完成；若有推迟设计进度的，应说明原因。

3. 施工图会审及交底情况评价

简要叙述施工图设计会审及设计交底开展情况，评价其是否符合国家、行业、电网企业的相关管理规定。

（三）招标采购评价

招投标采购评价，是对项目实施过程中的设计、施工、监理等非物资类采购和设备材料等物资类采购过程和采购结果的评价。

招标采购评价包括采购实施评价和采购结果评价2部分。

1. 采购实施评价

采购实施评价通过分析物资类和非物资类的采购关键进度节点是否满足里程碑计划要求，采购批次、采购方式等过程是否满足项目实施管理要求，针对未采用公开方式招标的采购需求，评价其合理性。

2. 采购结果评价

采购结果评价主要包括以下内容：

(1)对物资类招标,分析采购的主要设备材料的型号、数量以及相关技术服务是否满足项目实施的要求,见表3-6。

表3-6 物资类采购结果评价表

项目	预算价格	采购价格	参数要求	差异情况
物资1				
物资2				
物资3				
……				

(2)对非物资类招标,分析采购的服务内容是否满足项目实施的要求。

(3)对出现流标情况的,分析原因和对后续实施产生的影响。

(五)施工组织设计评价

施工组织设计评价主要是对开工前准备工作进行评价,包括施工三措两案的内容和管理过程的评价。

施工组织设计评价通过分析施工组织设计内容的完整性,评价组织措施、安全措施、技术措施和施工方案等编制内容是否合理、深度是否满足要求、审批流程是否合规。重点分析方案中停电计划安排是否满足施工要求,分阶段停电技术方案是否与施工关键时间节点相符。

(六)电网生产技改项目施工准备工作评价依据

电网生产技改项目施工准备工作的评价依据主要是国家、行业和供电企业内部相关的管理规定和技术原则等文件。一般性规定见表3-7。

二、项目实施过程评价

项目实施过程评价是对电网生产技改项目的整个实施过程的后评价,包括项目开工到项目竣工验收投运的所有环节。评价主要内容包括合同执行与管理评价、进度管控评价、变更和签证评价、投资控制评价、质量管理评价、安全控制评价和物资拆旧及利旧评价等。

由于项目实施阶段是项目物资、服务消耗最多的阶段,也是整个电网生产技

表 3-7　项目实施准备工作一般性规定

序号	评价内容	评价依据	
		国家、行业、企业相关规定	项目基础资料
1	初步设计评价	(1)《变电工程初步设计内容深度规定》(DL/T 5452–2012) (2)《架空输电线路工程初步设计内容深度规定》(DL/T 5451–2012) (3)《城市电力电缆线路初步设计内容深度规程》(DL/T 5405–2008) (4)《输变电工程初步设计概算编制导则》(DL/T 5467–2013) (5) 生产技术改造工程初步设计编制与评审管理规定	(1)初步设计委托书或者设计合同 (2)可行性研究报告及批复 (3)初步设计单位资质证明 (4)初步设计文件 (5)初步设计评审会议纪要 (6)初步设计批复文件 (7)批复初步设计概算书 (8)设计总结
2	施工图设计评价	(1)《变电工程施工图设计内容深度规定》(DL/T 5458–2012) (2)《110 kV~750 kV 架空输电线路施工图设计内容深度规定》(DL/T 5463–2012) (3)《城市电力电缆线路施工图设计文件内容深度规定》(DL/T 5514–2016) (4)《输变电工程施工图预算编制导则》(DL/T 5468–2013) (5) 生产技术改造工程施工图设计内容深度规定	(1)施工图设计委托书或者设计合同 (2)施工图设计文件 (3)施工图设计会审及设计交底会议纪要 (4)施工图交付记录 (5)施工图预算书 (6)设计总结
3	招标采购评价	(1)《中华人民共和国招标投标法》及相关法律、法规 (2)招标活动管理办法 (3)招标采购管理细则	设计、施工、监理及物资采购中标通知书
4	施工组织设计评价		施工组织设计方案

改项目的目标达成阶段,所以,项目实施过程的评价,是电网生产技改项目后评价工作的重点。项目实施过程评价主要通过对比项目实际建设情况与计划情况的一致性,以及建设各环节与规定标准的适配性,重点对进度、投资、质量、安全、变更等几个重要评价点进行评价。

(一)合同执行与管理评价

从一定的角度讲,电网生产技改项目的实施过程就是各种合同执行和管理的过程,包括物资采购合同、施工合同、设计合同、监理合同等,所有相关的合同保质保量的执行完毕,项目实施过程完结。

针对合同执行和管理情况的评价,是指根据《中华人民共和国合同法》及其他有关法规的规定,结合供电企业的合同执行和管理相关的制度和流程,对项目实施过程中,项目合同签订、合同执行等进行评价的过程。

对物资类合同,分析主要设备、材料的到货时间、数量、质量、资金支付时序等方面是否与合同规定相一致,对存在差异的,分析差异产生的原因。对非物资类合同,分析非物资类供应商的服务质量、合同履行进度及资金支付时序等方面是否与合同规定相一致,对存在差异的,分析差异产生的原因。

1. 合同签订情况评价

(1)查阅中标通知书下达时间、开工时间及合同签订时间。评价合同签订流程是否符合要求、满足规范性。

(2)查阅合同文本是否采用规定的合同范本,统计合同范本应用率情况。之所以要对合同范本使用情况进行检查,目的是为了保证合同的规范性,从而保证合同内容的完整性和合规性。

2. 合同执行情况评价

针对合同执行情况的评价可以认为是对电网生产技改项目实施过程的梳理,理论上,若供应商完全按照合同开展工作,且工作成果符合合同要求,可不对项目的失败负责。

(1)评价合同整体执行情况及双方各自履行义务的情况,通过对合同条款及其执行情况的检查,找出合同执行过程中可能存在的问题或疑点,对比勘察设计合同、监理合同及施工合同中主要技术条款和进度条款的执行情况并对执行差异部分进行原因责任的分析,见表3-8。

(2)评价合同资金支付条款执行情况,合同支付条款的执行情况是评价合同执行和管理的关键,是进行可能出现的纠纷处理的重要依据。查阅合同支付台账,评价合同支付金额是否符合规定的比例,合同支付时间是否及时,见表3-9。

表 3-8 合同履行情况评价表

序号	合同名称	合同主要条款	实际执行情况	执行的主要差别	原因与责任
1	勘察设计				
2	设备采购				
3	监理				
4	施工				
5	其他				

表 3-9 合同条款支付情况评价表

序号	合同名称	合同金额	签订日期	应付款时间	实付款时间	应付款金额	实付款金额	实付款占应付款比例	累计支付比例
1	勘察设计								
2	设备采购								
3	监理								
4	施工								
5	其他								

(二)进度管控评价

电网生产技改项目的进度管控评价,是对项目全过程的进度安排、项目的里程碑计划表、项目的施工进度计划和项目进度管控措施进行分析评价,通过对比实际时间点与计划时间点之间的差异,评价项目的进度控制水平。

1. 项目实施进度情况梳理

据实梳理电网生产技改项目从储备阶段到竣工决算阶段的起始时间,评价项目全过程管理过程中的进度控制情况。

查阅项目可行性研究审批及批复、初步设计评审及批复、施工图、招投标及中标通知书,分析各类前期文件取得时间是否符合项目前期工作管理办法相关规定的要求;查阅项目合同及开工报告,对比合同规定的开工时间和实际开工时间是否相符;查阅工程施工计划及竣工报告,对比计划竣工投产时间与实际竣工投产时间是否相符。对比项目进度计划,计算工程进度计划完成率,评价进度计划的主要延误节点。

根据梳理内容编制《电网生产技改项目整体进度表》，见表 3-10。

表 3-10 电网生产技改项目整体进度表

项目阶段	关键节点	起止时间	依据文件
前期决策	可行性研究评审		评审意见
	可行性研究批复		批复文件
形式准备	设计招标		招标文件
	初步设计评审		评审意见
	初步设计批复		批复文件
	物资招标		招标文件
	施工招标		招标文件
	监理招标		招标文件
建设实施	工程开工		工程开工报告
竣工验收	工程验收		监理报告、竣工验收报告
结算阶段	工程结算审定		工程结算审核报告
决算阶段	工程财务决算报告审核		工程竣工决算报告

2. 施工阶段进度控制评价

根据表 3-10 中梳理总结出的项目执行的关键节点的进度情况，对比实际工期与计划工期的偏差程度，分析评价项目施工进度控制是否符合相关规定的要求。项目的工期偏离率和项目按期完成率的计算公式如下。针对项目群，可以采用表格的形式统计子项目的完成情况和资金使用情况，计算项目的按期完成率，见表 3-11。

工期偏离率=（实际工期-计划工期）/计划工期×100%　　　　　　公式（3-1）

项目按期完成率=（按期完成工程数量/实际完成工程数量×0.5+

按期完成工程的投资/实际完成工程的总投资×0.5）×100%

公式（3-2）

表 3-11　对于项目群的进度统计表

序号	年度/项目类型	近期完成工程数量（个）	近期完成工程投资（万元）	实际完成工程数量（个）	实际完成工程投资（万元）	项目近期完成率（%）
1						
2						
3						

（1）对于工期偏差较大的工程项目，详细分析工程工期偏差原因。

（2）对分部分项工程建设进度进行梳理，分析进度管控措施落实是否到位，施工参与各单位相互配合是否协调，施工单位是否按横道图、网络图等施工计划开展工作。

（3）分析停电批准时间是否及时。

（4）分析变更对施工进度的影响。

（5）重点分析物资到货时间是否满足计划时间。

3. 施工进度控制措施评价

梳理电网生产技改项目全过程管理过程中进度控制措施制定和落实情况，评价进度控制措施实施效果。

（1）查阅施工单位施工组织设计文件，梳理相关进度控制措施。

（2）评价施工单位编制的组织措施、技术措施、管理措施是否得到有效执行，以及进度控制措施的实施效果。

（三）变更和签证评价

电网生产技改项目的全过程管理过程中，可能涉及设计变更、现场签证、施工变更等，变更和签证评价就是对这些过程的管理流程和手续进行评价。

（1）查阅梳理设计变更、现场签证单，梳理内容，评价手续是否完备，程序是否规范。梳理情况可以用表格形式体现，见表 3-12。

（2）统计变更签证原因及影响，可配合统计表绘制变更签证原因分布饼图，见表3-13。

表 3-12 变更签证情况统计表

序号	编号	变更签证主要内容	变更签证原因	变更签证金额	签章			
					施工单位	监理单位	设计单位	项目单位
1								
2								
……								

表 3-13 设计变更原因统计表

变更签证原因	变更签证次数	变更签证次数所占比例	变更签证金额（万元）	变更签证金额所占比例	平均变更签证金额（万元）
设计原因					
现场运行原因					
现场签证					
……					

（四）质量管理评价

电网生产技改项目的质量管理评价是指对项目的既定质量目标的达成情况的评价，对项目实施过程中的质量控制流程和质量控制措施的评价。质量管理评价根据竣工验收结果和运行情况，全面评价工程及设备质量水平，同时依据法律、法规、规程和规范评价工程质量保障体系的完备性。

1. 质量目标达成情况评价

评价项目质量目标的完成情况，考核是否完成项目既定质量控制目标。

查阅建设单位、设计单位、监理单位和施工单位施工组织设计文件或工作方案，梳理质量控制目标；查阅监理报告、中间验收报告、隐蔽工程验收报告、设备试验报告等资料是否完整；评价项目监理旁站、设备调试和阶段验收等关键工序的质量管理措施是否落实到位；查阅工程验收报告，对工程总体合格率和分部分项工程合格率进行梳理；评价工程质量控制目标实现情况，分析出现偏差的原因。

将梳理统计的项目质量目标达成统计分析情况汇总成《质量目标达成情况统

计表》,见表3-14。

表 3-14　质量目标达成情况统计表

序号	单位	质量目标	质量目标实现情况	偏差分析
1	设计			
2	施工			
……	……			

2. 质量控制措施评价

质量控制措施评价主要是针对项目单位、设计单位、监理单位和施工单位编制的施工组织设计报告或工作方案,评价项目质量控制体系是否完备,是否符合法律、法规、规程和规范的相关规定,质量控制措施是否适当。

3. 物资质量监控评价

对于电网生产技改项目实施过程中的关键物资或设备,可以采取厂内监造和场外检验等方式,对物资的质量进行监测和把控。供电企业中,对变压器、电缆等主要的设备或物资纳入监造范围,需要评价设备监造质量、措施等是否落实到位。

4. 监理执行质量评价

对于电网生产技改项目,通过招投标流程确定监理单位,依据法律、行政法规及有关的技术标准、设计文件和建筑工程合同,对承包单位在施工质量、建设工期和建设资金等方面代表建设单位实施监督。建立执行质量对项目完成质量的影响巨大。

进行建立执行质量评价,需要评价监理组织机构、责任制、管理程序、实施导则、质量控制等建立及落实情况;评价监理准备工作与监理工作执行情况,重点评价监理发生问题可能对项目总体目标产生的影响;评价监理工作效果,如"四控制"(安全、进度、质量、投资的控制)、"两管理"(合同管理、信息管理)、"一协调"的执行情况,以及全过程监理工作情况;对监理工作水平做出总体评价,并对类似工程提出改进建议。

（五）安全控制评价

安全控制评价是对项目实施过程中的安全管理体系、安全管理措施、安全管理效果等进行评价。安全控制评价通常从项目单位的安全管理、监理单位的安全管理、施工单位的安全管理及项目安全目标的实现等方面分别予以评价。

1. 项目单位的安全管理评价

针对项目单位的安全管理评价，需要从施工安全运行方案、施工安全措施、项目安全策划管理、项目安全风险管理、项目安全文明施工管理等角度进行分析评价。

（1）对于施工安全运行方案的评价主要是评价方案的完整性、可行性和有效性，通常可以与施工安全方案合并评价。

（2）施工安全措施评价，主要是评价施工安全措施的条款是否完整，是否能够满足项目安全实施的要求，施工安全措施是否可操作、可实施。

（3）项目的安全策划管理，主要评价是否根据项目实际特点建立了项目安全管理制度，是否召开安全委员会等。

（4）项目安全风险管理，主要是评价是否针对项目实施过程中的风险源识别、风险控制措施和风险管理制度等。

（5）项目安全文明施工管理，主要负责核查现场安全文明施工开工条件，重点做好各参建单位相关人员的安全资格审查、安全管理人员到位情况检查等。

2. 监理单位的安全管理评价

对监理单位的安全管理评价，主要是评价监理单位在项目实施过程的安全管理工作中，是否履行了安全监督的职责，是否有效的对违章和安全隐患进行督查。

3. 施工单位的安全管理评价

对施工单位的安全管理评价，主要评价施工单位是否制定了安全管理相关的措施，在施工过程中是否达成了既定的安全生产管理目标，是否人身受伤、停电、火灾以及其他次生安全事故的发生，施工单位的安全管理是否满足安全生产的要求。

4. 项目安全目标的达成评价

（1）统计工程建设阶段人身死亡事故情况、轻伤负伤率、重大机械设备损坏事故次数、重大火灾事故次数、负主要责任的重大交通事故次数、环境污染事故和重大跨（坍）塌事故次数、因工程建设而造成的大电网非正常停电事故次数或电网企业安全管理办法规定的其他事故次数。评价工程建设过程的安全控制水平。

（2）安全管理体系建设和措施。分析项目单位、施工单位等主体在安全文明施工、停电准备等方面的措施情况，评价项目安全管理体系及措施是否完备，是否符合相关要求，对比相关法律、法规、规程和规范，评价项目安全管理体系的健全性和完备性。

（六）物资拆旧管理评价

项目物资拆旧管理评价，主要是评价对于电网生产技改项目执行过程中的物资拆旧工作管理过程的评价。需要对包括报废/退役/更换设备状态评价、物资统计、废旧物资鉴定、处置方式确定等管理关节的工作流程和手续进行评价，主要依据相关物资的技术导则和废旧物资管理相关规定。对于报废净值率偏高的设备，需要详细评价报废的原因是否充分合理。

（七）物资利旧评价

根据退出设备再利用及运行情况，评价项目可行性研究阶段再利用方案的合理性和可操作性。分析采用利旧物资与新物资的投资差异，评价物资利旧方案的合理性；分析利旧物资施工前的保护、检测等工作，评价其执行到位情况；分析利旧物资投运后的运行情况，评价项目前期目标的实现程度。

三、电网生产技改项目实施管理评价依据

电网生产技改项目实施管理评价的依据主要是国家、行业相关的规定、规范、标准，以及供电企业内部的管理规定、技术导则和企业标准等。

电网生产技改项目实施管理评价依据的一般性规定见表3-15。

表 3-15　电网生产技改项目实施管理评价依据

序号	评价内容	评价依据	
		国家、行业、企业相关规定	项目基础资料
1	合同执行与管理评价	(1)《中华人民共和国合同法》 (2)相关合同管理规定 (3)合同范本	(1)设计、施工、监理及物资采购合同 (2)合同补充协议 (3)中标通知书
2	进度管控评价	生产技术改造项目规划管理规定	(1)施工组织设计方案 (2)项目里程碑计划 (3)可研报告等 (4)竣工验收报告
3	变更和签证评价	设计变更与现场签证管理办法	(1)设计变更单 (2)现场签证单 (3)其他必要的变更手续
4	质量管理评价	(1)《建设工程质量管理条例》(国务院令第 279 号) (2)《电力建设工程质量监督规定(暂行)》(电建质监〔2015〕52 号) (3)《建设工程监理规范》(GB/T 50319-2013) (4)工程质量管理办法 (5)工程建设监理管理办法	(1)施工组织方案 (2)监理报告 (3)中间验收报告 (4)隐蔽工程验收报告 (5)设备试验报告 (6)竣工验收报告
5	安全控制评价	(1)《电力建设工程施工安全监督管理办法》(国家发改委令第 28 号) (2)电力建设安全健康环境评价标准 (3)生产技术改造工程施工安全设施相关规定	(1)施工组织方案 (2)竣工验收报告
6	物资拆旧及利旧评价	物资拆旧及利旧管理办法和设备相关的技术导则或标准	拟拆除设备评估鉴定表和其他废旧物资处理必需的手续

第五节　项目结决算及档案管理评价

电网生产技改项目施工完成后,需要进行竣工验收、审价结算、决算转资等管理环节,所有项目资料在项目全部完成后,按照相关档案管理规定进行归档。

一、项目竣工验收评价

电网生产技改项目竣工验收是进行项目结决算的前置环节,竣工验收需要全面考核项目实施过程的所有环节, 检查是否符合设计要求和工程质量的重要环节,对促进项目(工程)及时投产,发挥投资效果,总结建设经验有着重要作用。

竣工验收过程评价,评价项目竣工验收的验收申请、验收组织、现场验收、验收总结、资产清点、竣工移交、资料归档等整个流程,评价流程的完整性和组织工作的合规性,同时对相关手续和资料进行合规性评价。

竣工验收结果评价,分析梳理项目竣工验收报告、设备移交清册、竣工图等资料,评价资料的完整性、规范性,项目效果是否满足国家及行业有关法规、标准和规程等的要求。竣工验收过程应闭环管理,验收过程发现的问题需整改符合要求后,才能通过验收。

二、项目审价结算管理评价

项目的审价结算管理评价需要对项目的结算手续、结算审核程序等进行评价,重点评价项目结算审核意见表和结算书的真实性和有效性,同时,需要评价相关的结算付款办理流程是否符合《建设工程价款结算暂行办法》(财建〔2004〕369 号)和供电企业针对生产技术改造项目竣工结算审价管理办法相关管理规定的要求。

三、项目决算转资管理评价

对于电网生产技改项目,属于固定资产投资的范畴,所以需要在项目完成后进行决算转资。项目决算转资管理评价,是指评价项目的竣工决算报告的编制、审核和决算转资工作是否符合相关规定的要求, 评价项目决算报告的内容的完整性、规范性和正确性,重点核实新增固定资产的价值是否正确,分析结余物资的处置方式、处置流程和手续是否符合相关管理规定。

四、项目档案管理评价

项目档案是生产技术改造管理过程中形成的具有保存价值的各种形式的历史记录、文件、手续等。项目档案意义重大,国家、行业和企业等,都从各自的层面和角度建立了完善的档案管理制度,来保证档案管理的时效性、完整性和有效性。一个项目从立项、设计、施工、监理到验收的过程中会形成大量的文件材料,档案资料是证明工作开展及顺利完成的主要依据,也是项目后评价的主要材料。

项目档案管理评价主要评价项目归档工作是否在规定的时间内完成,是否包括项目前期、实施、竣工、结决算等全过程档案资料,评价文档内容是否字迹清晰、图标简洁、签字盖章手续是否完备。电网生产技改项目的档案应包括项目建设单位文件、施工单位文件和监理单位文件,归档评价可以用表格的形式清晰表示,见表 3–16、表 3–17、表 3–18。

表 3–16　项目建设单位档案评价表

序号	名称	数量	评价
建设单位文件			
1	项目可研		
2	可研批复		
3	综合计划		
4	项目初设		
5	初设批复		
6	施工图纸		
7	服务合同		
8	三措两案		
9	图纸方案审查纪要		
10	开工报告		
11	监理报告		
12	工程量签证		
13	设计变更		
14	竣工验收申请		
15	竣工验收报告		
16	结算审核报告		
17	设备拆旧清单和移交手续		

表 3-17　项目监理单位档案评价表

序号	名称	数量	评价
监理单位文件			
1	监理规划		
2	监理细则		
3	安全监理方案		
4	质量旁站方案		
5	监理会议纪要		
6	旁站记录		
7	监理日志		
8	监理初验方案		
9	监理初验申请		
10	监理初验报告		
11	质量通病防治评估报告		
12	监理工作总结		
13	质量评估报告		

表 3-18　施工单位档案评价表

序号	名称	数量	评价
施工单位文件			
1	施工方案		
2	施工方案审批表		
3	安全措施方案		
4	技术措施方案		
5	组织措施方案		
6	应急预案		
7	开工报审表		

续表

序号	名称	数量	评价
8	设备进场报审		
9	开箱申请		
10	施工质量评定验收及评定范围划分报审		
11	分项工程质量评定表		
12	试验报告		
13	公司级专检报告		
14	工程竣工报告		

第六节　项目投资控制评价

项目投资控制评价是指对项目的投资管控全过程的评价。通常情况下,电网生产技改项目的投资管控过程包括可研估算编制及审核过程、初设概算编制及审核过程、竣工结算过程和竣工决算过程。

项目投资评价主要是对可研估算书、初设概算书、竣工结算书和竣工决算书进行梳理,分析项目预算执行情况,通过竣工决算与初步设计概算的对比,分析各项资金运用情况,核实实际造价是否与概算接近,分析偏差原因,为改进以后工作提供依据。

一、项目投资全过程造价情况

进行项目投资管控评价,首先要对所有投资文件进行梳理,梳理出项目全过程造价,包括细分项目。这部分工作是项目投资管控工作的基础,要保证造价的准确性。通常,可以用表格的形式来呈现,见表3–19。

二、概算与估算对比评价

对项目的可研估算和初设概算进行梳理,进行逐项对比分析,评价估算和概算的偏差情况和偏差原因。估算和概算的偏差可以表格的形式呈现,见表3–20。

表 3-19　项目全过程造价表

项目	可研估算（元）	初设概算（元）	竣工结算（不含税)(元)	竣工决算（不含税)(元)
总投资				
建筑工程费				
设备购置费				
安装工程费				
拆除工程费				
其他费用				

表 3-20　项目估算和概算对比表

	工程或费用名称	估算金额（元）	概算金额（元）	增减额（元）	增减比率（%）
1	建筑工程				
2	设备购置				
3	安装工程				
4	拆除工程				
5	其他费用				
5.1	建设场地租用及清理费				
5.1.1	拆除物返库运输费				
5.2	项目建设管理费				
5.2.1	工程监理费				
……	设备监造费				
	合计				

对于差异较大的项目,要分析差异原因,并对差异原因进行评价。

三、结决算与概算对比评价

对可研的初设概算和项目结决算情况进行比较,评价初设概算与醒目结决算金额的差异和差异原因,并分析差异情况是否对项目的建设规模和建设质量造成影响。结决算与概算的对比评价是项目投资管控评价的重点。

（1）需要对项目实施过程的工程费用的结算和概算情况进行对比分析，分析项目的工程量是否发生重大变化，包括建筑工程费、安装工程费和拆除工程费等项目。

（2）对比决算投资额与初步设计批复概算投资额的偏差，该偏差即项目总投资的增减比率，可以采用表格形式表示，见表3-21，也可结合柱状图或饼状图等呈现。

表 3-21 项目决算和概算对比表

	工程或费用名称	概算金额（元）	决算金额（元）	增减额（元）	增减比率（%）
1	建筑工程				
2	设备购置				
3	安装工程				
4	拆除工程				
5	其他费用				
5.1	建设场地租用及清理费				
5.1.1	拆除物返库运输费				
5.2	项目建设管理费				
5.2.1	工程监理费				
……	设备监造费				
	合计				

3. 对决算较概算增减比率较大的费用项进行原因分析，分析过程需要有数据进行支撑。

（1）对建筑工程费的差异情况进行分析评价，通过对比分析设计方案、施工方案、工程量等因素的变化，评价建筑工程费差异的合理性，若不合理，给出对应的建议。

（2）对安装工程费的差异情况进行分析评价，通过对比分析设计方案、安装设备材料的类型、数量等因素变化，评价安装工程费差异的合理性，若不合理，给出对应的建议。

（3）对拆除工程费的差异情况进行分析评价,通过对比分析拆除设备材料的数量、拆除方式、运输、入库等因素的变化,评价拆除工程费差异的合理性,若不合理,给出对应的建议。

（4）对设备购置费的差异情况的评价,通过对比分析设备材料的招标批次、中标价格等因素的变化,评价设备购置费差异的合理性,若不合理,给出对应的建议。

（5）对于其他费用重点分析占地补偿、青苗赔偿、"三跨"补偿等政策处理费用,参照当地政府赔偿标准、同类项目赔偿费用等依据,评价赔偿费用是否合理。

四、项目投资管控后评价结论

项目投资管控后评价结论是对前述估算、概算、结决算的差异分析评价内容的概括总结。

评价结论应说明项目建设单位对该项目的施工是否实施了比选评审工作、设备采购是否实施了公开招标,是否通过充分的竞标、竞选有效控制投资,是否建立完善的合同签订、审核程序,是否能够通过合同手段落实造价控制措施。在项目建设过程中,项目建设单位是否重视工程变更洽商增项的预控工作,是否严格履行技术评审与造价评估工作,是否将造价控制工作落实在设计阶段、施工阶段、结算阶段、决算阶段的各个环节,后评价工作组是否认为该项目投资控制管理工作比较到位,达到了预期目的。

第七节　项目运行绩效评价

项目的运行绩效评价包含 3 个部分的内容,一是对项目实际运行效果和运行情况的评价,本书称之为项目运行评价;二是针对项目运行的社会效益的评价,本书称之为社会效益评价;三是项目实施和运行对环境影响的评价,本书称之为环境影响评价。

一、项目运行评价

项目运行评价,是对项目竣工投入运行后的运行情况和运行效果的评价,项目运行评价主要是对项目运行阶段工作情况的总结与评价。通过项目实际运营情况与可行性研究报告及相关规程、规范进行对比,重点对生产技术改造项目目标实现程度及符合规程、规范方面进行评价。

项目运行评价包括运行安全评价、运行效能评价和运行经济效益评价等。

1. 项目安全评价

项目安全评价是通过对项目投入运行前后对设备和电网安全的影响进行对比评价。

通过对项目可研报告中论述的项目必要性相关内容的梳理分析,分析项目投入前存在的安全隐患和安全风险,以及这些隐患和风险对电网安全稳定运行的影响。

通过对项目运行情况的分析总结,评价项目运行后是否消除了这些安全隐患和安全风险,是否对电网的安全稳定运行带来了积极影响。

在项目运行过程中,是否贯彻落实了相关的安全法规和规定,是否贯彻落实了供电企业反事故措施要求等,其中针对设备和电网的安全事件(安全指标)的评价内容,可以采用对实际运行数据、设备状态评价等内容进行技术性分析来实现;针对设备和电网的运行风险的评价,可以采用包含风险概率和风险后果的风险矩阵分析法,根据项目可能发生的安全风险事件,评估风险发生的频次,得到项目安全风险概率,见表3-22。

表 3-22　风险概率评分表

风险等级		后果				
		影响特别重大	影响重大	影响较大	影响一般	影响很小
可能性	极有可能发生	25	20	15	10	5
	很有可能发生	20	16	12	8	4
	可能发生	15	12	9	6	3
	较不可能发生	10	8	6	4	2
	基本不可能发生	5	4	3	2	1
图例:极高风险■、高风险■、中风险■、低风险■						

2. 项目运行效能评价

项目的运行效能评价是指通过对项目运行前后的运行数据等进行分析,评价项目运行对提升供电能力或输电能力的作用评价、设备可用系数评价、设备节能环保指标评价和项目对电网发展的作用等几方面内容。

(1)项目运行对提升供电能力或输电能力的评价,通过对项目运行前后的生产运行数据或指标的分析,分析项目投运对提升供电能力或输电能力的作用。

(2)设备可用系数评价,通过对项目实施前后的运行数据的分析,评价项目对增加设备可用系数的作用可以用表格的形式呈现,见表3-23。

表 3-23   设备可用系数对比分析表

年度	周期	可用小时数	日历小时数	设备可用系数	事故停运次数(次)
xxxx—xxxx					
xxxx—xxxx					
系数差额					

(3)设备节能环保指标评价是对项目的运行前后的碳排放和有害气体排放情况进行评价。

(4)项目对电网发展的作用,结合项目建设单位的实际情况,分析项目运行对区域电网发展的影响。

3. 项目运行经济效益评价

项目运行经济效益评价效益评价按照资产全生命周期成本(LCC)计算方法,对项目技术方案的初始投入成本、运维成本、检修成本、故障成本、退役处置成本等进行全面计算归集,采用成本比较法或成本效益比较法对项目实施的经济效益进行评价。经济效益计算公式如下:

经济效益=[改造后节能效益-(改造后成本-改造前成本)]×设备运行年限

公式(3-3)

二、项目社会效益评价

针对社会有影响的项目进行社会效益评价,社会效益评价的目的主要是评价生产技术改工程对区域经济社会发展、产业技术进步、服务用户质量等方面有何影响及促进作用,总结分析项目对各利益相关方的效益影响。

项目社会效益评价是一个相对宏观的评价过程,需要根据区域社会产业及文化特点,广泛收集各方资料及社会反馈,综合评价项目的社会效益。项目社会效益评价包括对区域电网的效益评价、社会责任承担评价和推动产业技术进步评价三个方面。

1. 对区域电网的效益评价

评价项目运行后对区域电网的经济稳定运行的影响。

2. 社会责任承担评价

根据国家及地方政府和供电企业本身对其社会责任的定义和规定,具体到项目,评价项目对供电企业所承担的社会责任起到积极作用,分析项目运行对供电区域内的工商业用户和居民用户的生产生活带来的积极影响,评价项目运行对生产安全、节约公共资源等方面的积极作用。

3. 推动产业技术进步评价

根据电网生产技改项目的实际情况,总结项目本身的先进性,评价项目运行对试点应用电力行业先进技术、采用国产设备、开展创新性技术探索等项目,从提高电力行业技术水平、提升国产制造水平、推动其他行业技术进步等方面开展评价工作。

三、项目对环境影响评价

环境影响是指项目对周围地区在自然环境方面产生的作用和影响。项目运行对环境影响的评价,一方面是对项目从可行性研究到环境保护验收阶段的环境保护指标、环境保护措施及成果、对地区环境影响和生态保护等方面的评价,另一方面是对项目运行对环境的影响的评价。

项目环境影响评价主要是通过对项目各阶段所采取的环境保护措施进行评价,对环境影响报告书/表批复的落实情况进行评价,综合评价项目环境治理与生态保护的总体水平;对项目环境敏感点的实际测量,对照相应标准,评价项目实际污染和破坏限值是否符合环境标准要求。

1. 环境保护措施落实评价

环境保护措施落实评价通过项目施工期间对噪声、废水、扬尘、弃渣、生态影响等环境影响因素的成因分析,分析所采取的保护措施,评价其是否符合国家、地方环境保护政策、法规、标准的要求。

2. 环境影响效果评价

环境影响效果评价是对开展环境影响评价的项目,分析项目运行期电磁、噪声等检测值,评价是否符合国家、地方环境保护政策、法规、标准的要求。

(1)电磁干扰达标情况。分析工程项目对周围环境造成的电磁干扰(工频电场、工频磁场)、无线电干扰等环境保护指标的达标情况。

(2)声环境影响达标情况。分析项目的声环境影响达标情况。声环境影响的评价标准是,变电站厂界执行《工业企业厂界环境噪声排放标准》(GB 12348-2008)中Ⅱ类标准,变电站周围评价范围内居民区等环境保护目标处执行《声环境质量标准》(GB 3096-2008)中1类功能区标准。输电线路经过农村的地区执行 GB 3096-2008 中1类功能区标准,经过居住、商业、工业等混杂区执行2类功能区标准,在交通干道侧执行4a类功能区标准。

3. 项目对环境评价依据

项目环境影响评价依据见表3-24。

表 3-24　项目环境影响评价依据

序号	评价内容	评价依据	
		国家、行业、企业相关规定	项目基础资料
1	环境措施落实评价	(1)《建设项目环境保护管理条例》(国务院令第253号) (2)《高压交流架空线路无线电干扰限值》(GB 15707-1995) (3)《建筑施工场界环境噪声排放标准》(GB 12523-2011)	(1)设计文件 (2)施工组织方案 (3)环境影响报告书/表
2	环境影响效果评价	(1)《工业企业厂界环境噪声排放标准》(GB 12348-2008) (2)《声环境质量标准》(GB 3096-2008)	(1)环境影响调查报告及审查意见 (2)相关调查监测材料

四、项目运行绩效评价结论

项目运行绩效评价结论,可以采用打分的形式来体现,表 3-25 为项目运行绩效评分表。

表 3-25　项目运营绩效评分表

一级指标	二级指标	打分规则	满分	得分
运行效益 (60 分)	安全评价	采取加分制:具体评分方法详见表 3-26	20	20
	效能评价		20	20
	效益评价		20	15
社会效益 (20 分)	社会责任承担评价	采取加分制:没有相关成效不得分;取得 1 个点成效得 5 分;2 个点及以上得 10 分	10	10
	推动产业技术进步评价		10	0
环境影响 (20 分)	环保措施落实评价	采取扣分制:1 项措施不到位或 1 个检测值不合格扣 5 分, 受到 1 个相关投诉扣 10 分,扣完为止	10	10
	环境影响效果评价		10	10
总分		100		85

表 3-26　项目运行效益打分表

评价维度	评价指标	指标公式及说明	备注(针对有公司标准要求的,给出指标标准,以判断实施成效)	分值 (60 分)
安全	设备事件	统计项目投运前后 1~2 年发生设备安全事故的次数 对比分析项目投运至评价期前后相应时间内设备状态评价结果变化情况	发生 1 次及以上设备安全事故不得分。未发生设备安全事故,分析状态评价结果变化幅度最大的被改造设备,根据以下原则得分: 设备状态评价结果等级下降,不得分 设备状态评价结果等级无变化,得 5 分 设备状态评价结果等级提升,得 10 分	10
	电网事件	对比分析项目投运前后 1~2 年电网设备风险等级变化	分析设备风险等级变化幅度最大的被改造设备,根据以下原则得分: 电网设备风险等级提高的,不得分 电网设备风险等级无变化的,得 5 分 电网设备风险等级降低,得 10 分	10
效能	设备供电能力	在项目投运前后 1 年内,从设备容量增加、抗短路能力提升、电能质量提升、动热稳能力提升等方面(不限于上述因素)分析	按照所选供电能力提升计算因素,相关因素降低或无明显提升的不得分;仅有 1 项因素提升的得 5 分;有 2 项及以上因素提升的,得 10 分	10

续表

评价维度	评价指标	指标公式及说明	备注(针对有公司标准要求的,给出指标标准,以判断实施成效)	分值(60分)
效能	设备可用系数	对比分析项目投运前后1年内设备可用系数变化情况 设备可用系数=可用小时数/日历小时数	根据以下原则得分: 设备可用系数降低的不得分 设备可用系数无变化的得5分 设备可用系数提高的得10分	10
效益	运检成本	对比分析项目投运前后1年内相关设备运检成本变化情况 运检成本包含检修成本、日常运维成本和故障抢修成本	根据以下原则得分: 设备运检成本提高的不得分 设备运检成本无变化的得5分 设备运检成本降低的,得10分	10
	运营收益	在项目投运前后1年内,从线损降低、供电量增加等方面分析	按照所选运营收益提升计算因素,相关因素降低或无明显提升的不得分;仅有1项因素提升的得5分;有2项及以上因素提升的,得10分	10

第八节　项目后评价结论

项目后评价结论是在所有的后评价工作内容都进行完毕后,在单项后评价结论的基础上,对后评价工作进行概括总结,从整体的角度,合理规划各单项后评价结论的权重,分析、评价项目目标的实现程度、项目成功度,得出项目评分,给出项目后评价整体结论,提出建议和措施。

一、项目目标评价

目标评价是指对投资项目规划或立项决策阶段(包括工程可行性研究报告)所确定的预期目标或目的的总体评价,其目的在于验证项目建成运营后是否实现或达到了预定的目标要求。

目标评价可将项目目标实现程度分为实现(A)、基本实现(B)、部分实现(C)和未实现(D)4个等级并采用专家打分法进行评价,见表3-27。

二、项目成功度评价

项目成功度评价主要是从后评价的角度,按照后评价主要内容要求,对于项目实施管理各方面绩效进行的总体评价,以便于验证投资项目实施的成功与否。

表 3-27 项目目标实现程度评价表

目标层次	评定指标	实现程度	评定等级
宏观目标	加强××公司安全管理		
	加快基础设施建设,完善城市区域电网功能		
	保障供电安全,适应区域经济建设发展的需要		
项目目标	减少损耗,提高设备可靠性和经济效益		
	提高变电站设备运行的可靠性		
	减少运行维护工作量		
项目目标总评价			

根据该项目的特点,将分别从宏观及具体目标、立项决策与建设过程、运行效果、社会经济效益及影响等几个方面,通过综合评定,后评价小组及专家组提出对本建设项目成功度的评价结论。项目相关重要性分为重要、次重要、不重要。评定等级分为 A 成功、B 基本成功、C 部分成功、D 不成功、E 失败,详细内容见表 3-28。

表 3-28 项目成功度评价表

目标层次	评定项目指标	相关重要性	评定等级
宏观及项目目标	1. 宏观目标		
	2. 项目目标		
立项决策与建设过程	3. 项目决策与程序		
	4. 建设内容及规模		
	5. 项目建设标准		
	6. 项目进度及其控制		
	7. 项目质量及其控制		
	8. 项目投资及其控制		
运行效果	9. 项目技术水平		
	10. 减少损耗,提高设备可靠性和经济效益		
社会经济效益及影响	11. 项目经济效益		
	12. 项目社会影响		
项目目标完成度总评价			

三、项目管理全过程评分

鉴于电网技术改造工程的多样性、复杂性和特殊性,单纯通过目标完成程度和项目成功度,有时并不能完全客观的评价项目。此时,可在项目目标评价和项目成功度评价的基础上,通过构建定量评价指标体系,通过专家打分法,层次分析法等科学方法实现对项目成功度的微观评价,进而得到项目综合成功度结果,见表 3-29。

表 3-29 项目管理全过程管理评分表

一级指标	二级指标	打分规则	满分	得分
项目前期工作评价（14分）	前期组织	出现项目必要性和立项依据不充分、流程不规范等问题,则 1 项问题扣 2 分,扣完为止	4	
	可研报告审批	出现组织、流程不规范、审批不及时等问题,则 1 项问题扣 2 分,扣完为止	5	
	可研报告质量	出现内容不完整、不规范、质量不高、多次批复等问题,则 1 项问题扣 2 分,扣完为止	5	
项目实施准备评价（19分）	初步设计	出现组织流程不规范、审批不及时、设计内容不完整、质量不高、多次批复等问题,则 1 项问题扣 2 分,扣完为止	5	
	施工图设计	出现内容不完整、不规范、质量不高等问题,则 1 项问题扣 2 分,扣完为止	4	
	招标采购	出现流程不规范、不及时、招标结果不能满足施工需求、流标等问题,则 1 项问题扣 2 分,扣完为止	5	
	施工组织方案	出现内容不完整、质量不高、流程不规范等问题,则 1 项问题扣 2 分,扣完为止	5	
项目实施过程评价（32分）	进度管控	出现进度计划未制定、进度偏差较大、管控措施不合理等问题,则 1 项问题扣 2 分,扣完为止	4	
	质量管理	出现管控措施不合理、落实不到位等问题, 则 1 项问题扣 2 分,扣完为止;出现质量问题,直接扣 4 分	4	
	安全控制	出现管控措施不合理、落实不到位等问题, 则 1 项问题扣 2 分,扣完为止;出现安全问题或违章事件,直接扣 4 分	4	
	物资拆旧	出现落实不到位、流程不合规、内容不规范等问题,则 1 项问题扣 2 分,扣完为止	4	
	设备利旧	出现手续不齐全、流程不规范、措施落实不到位、方案差异较大等问题,则 1 项问题扣 2 分,扣完为止	4	

续表

一级指标	二级指标	打分规则	满分	得分
项目实施过程评价（32分）	变更和签证	出现方案不合理、执行不到位、运行后前期目标未全部实现等问题，则1项问题扣2分,扣完为止	4	
	合同履约	出现合同履约不到位、监理执行不到位、设备建造不到位、执行偏差较大等问题,则1项问题扣2分,扣完为止	4	
	竣工验收	出现组织、流程不规范、资料不完整、质量不高等问题,则1项问题扣2分,扣完为止	4	
结决算管理评价（10分）	结算审价管理	出现组织、流程不规范、不及时、内容不完整、质量不高等问题,则1项问题扣2分,扣完为止	5	
	决算转资管理	出现组织、流程不规范、不及时、内容不完整、质量不高等问题,则1项问题扣2分,扣完为止	5	
档案管理评价（5分）	档案管理	出现归档不及时、资料不齐全、质量不高等问题,则1项问题扣2分,扣完为止	5	
项目投资控制评价（20分）	建筑工程费分析	取概算与估算偏差、结算与概算偏差两者中的大值,若费用偏差±5%以内得4分;偏差±10%以内得3分;偏差±15%以内得2分;偏差±20%以内得1分;偏差超过±20%得0分;赔偿费用不合理,扣2分,扣完为止	4	
	安装工程费分析		4	
	拆除工程费分析		4	
	设备购置费分析		4	
	其他费用分析		4	
总分		100		

四、总体评价结论

概括项目目标评价、项目成功度评价和项目全过程评分等内容,对项目整体情况进行定性评价,得出定性结论,得出的定性结论要以实际数据为支撑,描述简练、准切、客观。

五、项目经验与不足

总结项目本身的管理经验和亮点,分析管理不足之处;与同类项目进行横向对比,分析差异性。总结可为同类项目借鉴的经验教训。

六、项目措施和建议

针对项目存在的不足之处,逐条提出改进措施和建议,提出的措施和建议应具有可实现性,能够在后续工作中贯彻落地,指导后续项目的实施。

七、后评价报告附录

为了便于后评价报告的评审和成果应用,后评价报告中应以附录形式给出项目后评价工作依据的项目档案资料,应至少包括项目立项可行性研究报告、项目主管部门批准文件、项目中标通知书、项目设计、监理、施工合同、项目监理工作日志等资料、开工报审表 、项目竣工验收报告和有关项目的其他文件资料。

第九节 小结

本章介绍了电网生产技改项目后评价实施相关的内容,通过对电网生产技改项目后评价流程、后评价报告构成和后评价具体实施环节的介绍,帮助读者构建并丰富电网生产技改项目后评价实施的知识架构,便于对本书后续实例分析章节的理解。

供电企业对于电网生产技改项目设置了完备的管理体系,项目按照既定流程进行全过程管理,但电网生产技改项目的项目内容千差万别,实施过程涉及的因素也非常复杂,所以,对于电网生产技改项目后评价工作,除本章介绍的内容外,更应该具体情况具体分析,根据项目特点选择合适的后评价方法和项目组成员,以达到最佳的后评价效果。

第四章　变电站一次设备技改项目后评价实例

第一节　项目概况

一、项目情况

本次项目后评价的对象为由××电力公司负责建设的，由××电力公司××供电分公司负责项目实施的"××公司 110 kV××变电站 110 kV1# 主变压器改造项目"。该项目属于在原运行变电站规模上的技术改造项目,项目开工时间为 2017 年 11 月 4 日,竣工时间为 2017 年 11 月 10 日,计划总投资 287.1 万元。

主要建设规模:更换 110 kV 容量为 50 000 kVA 变压器 1 台。总投资 287.1 万元,其中设备购置费 231.61 万元,安装工程费 29.23 万元,其他费用 26.34 万元。

该项目主要参建单位:施工总承包单位为××电力有限公司,监理单位为××电力工程监理有限公司,设计单位为××建设集团××电力设计院有限公司。

二、项目决策要点

(一)项目宏观目标

加强××电力公司安全管理,加快基础设施建设,完善城市区域电网功能,保障供电安全,适应××市经济建设发展的需要。

(二)项目具体目标

项目开展的具体目标是减少变压器损耗,提高变电站设备运行的可靠性,减少运行维护工作量。

(三)项目进度目标

项目计划建设年限为 2017 年;施工阶段,计划工期为 30 天。

（四）项目投资情况

该项目计划批复金额为287.1万元,后调整计划投资金额为230万元,决算金额为200.33万元。所需资金全部由××电力公司自筹。

该项目由××电力公司××供电分公司(以下简称为××供电分公司)财务部自行编制《竣工决算报告》,根据该项目《竣工决算报告》,截至2019年7月29日,项目实际完成投资200.33万元,不含税总投资195.89万元。

（五）项目实施情况

1. 项目前期准备阶段

项目可研批复时间:2016年8月3日。

项目计划批复时间:2017年2月13日。

施工总包招标完成时间:2017年4月28日。

2. 施工阶段

项目实际工期:2017年11月4日至2017年11月10日。

施工准备:2017年10月26日至2017年11月4日。

工程开工:2017年11月4日。

工程初步验收:2017年11月10日。

3. 竣工验收阶段

竣工验收、投入运行:2017年11月10日、2018年1月1日。

结算完成时间:2017年11月23日。

竣工决算报告编制完成时间:2018年3月9日。

项目总进度:2016年3月28日至2018年3月9日。

（六）项目设备运行情况

该项目已于2018年1月1日起投入使用,经运行维护单位定期巡检、维护,已投运设备、设施运行状态良好。经查阅××电力公司PMS系统数据,2018年1月1日投运以来,至今未发生停电、断电、套管渗漏油及其他故障等,故障停运次数为0次,非计划停运次数为0次,设备总体运行状况良好,改造后的设备未进行过大修,至2019年9月后评价基准时日,共发生缺陷0项。

三、项目关键节点进度评价

该项目自项目可行性研究报告编制至竣工投产运行,执行了上级单位批复的项目里程碑计划,自计划批复后,每一重点、关键节点都能够基本完成计划时间,总体进度较好,各类成果文件、批复文件齐全。该项目实际关键节点与计划差异详见表4-1。

表4-1　项目关键节点一览表

序号	项目关键节点	实施主体	相关文件、文号	计划时间	实际时间
1	可研报告	××工程设计有限公司	项目可行性研究报告	无	2016年3月28日
2	可研评审	××经研院	××经研规划〔2016〕86号文	无	2016年7月6日
3	可研批复	××电力公司	××运检〔2016〕33号文	无	2016年8月3日
4	计划下达	××电力公司	××发展〔2017〕21号文	无	2017年2月13日
5	设计招标			无	未见招投标过程资料
6	设计中标通知下达	××供电分公司	中标通知书	无	2015年1月14日
7	设计合同签订	××供电分公司	设计合同	无	2017年2月17日
8	初步设计批复	××供电分公司	初步设计审核会议纪要	无	2017年3月17日
9	物资招标			无	未见招投标过程资料
10	施工招标			无	未见评审过程资料
11	施工中标通知书下达	××供电分公司	中标通知书	无	2017年4月28日
12	监理招标			无	未见评审过程资料
13	监理中标通知书下达	××供电分公司	中标通知书	无	2017年4月28日
14	施工合同签订	××供电分公司	施工合同	无	2017年5月25日
15	监理合同签订	××供电分公司	监理合同	无	2017年5月23日

续表

序号	项目关键节点	实施主体	相关文件、文号	计划时间	实际时间
16	甲供物资出库	××供电分公司	货物交接单、到货验收记录	无	2017年11月1日
17	开工	××供电分公司、监理公司	工程开工申请表	无	2017年11月4日
18	竣工验收	××供电分公司、监理公司	工程竣工报告	无	2017年11月10日
19	工程结算	××供电分公司	结算审核报告	无	2017年11月23日
20	决算转资	××供电分公司	竣工决算报告	无	2018年3月9日

第二节 项目前期工作评价

项目前期工作评价包括项目前期组织情况评价、可研报告审批情况评价和可研报告质量评价3部分。

一、项目前期组织情况

(一)项目储备情况

1. 项目实施改造前情况

110 kV××变电站1#主变是1992年生产的三相三绕组油浸风冷变压器,为户外布置,型号SFSZ7-50000/110,主变容量2×50 MVA,电压等级为110/35/10 kV;110 kV侧为内桥接线;35 kV侧为单母线分段接线,出线10回;10 kV侧为单母线分段接线,出线22回。自投运以来已运行24年左右,自投运以来该台主变多次出现套管渗漏油,空负载损耗比同类设备大70%左右,且冷却方式落后、设备近年来还出现渗漏油情况,绝缘性能有一定下降,抗短路能力不强,存在一定的安全隐患。因此,需更换该台变压器减少变压器损耗,提高设备可靠性和经济效益。

2. 项目储备管理模式

按照××公司《××公司生产技术改造工作管理规定》,项目储备经过2个阶段:可研阶段和储备阶段。可研阶段包括项目可研编制、项目可研评审、项目可研批复。

3. 项目储备情况

根据《××电力公司生产技术改造原则》5.2.3.3.1.5：运行超过 25 年以上且绝缘已严重老化或劣化的、状态评价为严重状态的变压器，优先安排更换。××变电站 1# 主变压器已运行 24 年左右。该变压器是 7 型产品，空载损耗达到 52 kW，负载损耗高中 232 kW，高低 275 kW，比近几年生产的变压器空载损耗大 70%，负载损耗大 80%，设备能耗较大。且冷却方式落后，采用风冷增大了附加损耗和人工维护成本，设备近年来还出现渗漏油情况，绝缘性能有一定下降，抗短路能力不强，存在一定的安全隐患，更换该台变压器能够减少变压器损耗，提高设备可靠性和经济效益。

(二)前期组织工作过程评价

该项目可行性研究报告由××电力公司××供电分公司（以下简称为××供电分公司）委托××建设集团××电力设计院有限公司负责编制。××供电分公司依据技改项目储备计划实施项目可研工作的，在可研工作开展前，××供电分公司收集了有关 110 kV 主变压器改造的相关数据、资料，在先期改造项目完工的基础上，部署、实施项目前期工作的，同时××建设集团××电力设计院有限公司在以前年度先后负责编制了同类改造工程项目的可研报告，数据积累相当丰富。

该项目可行性研究报告的编制程序和内容基本符合可研编制与评审要求，客观真实地反映了现有设备实际情况、合理确定了改造工程的宏观、微观项目目标。

二、可研报告审批情况

(一)项目可研报告评审过程评价

该项目可研评审意见由××经研院于 2016 年 7 月 6 日通过《××经研院关于 500 kV 北郊变电站 220 kV 隔离开关改造等 13 项工程可研评审意见的报告》(×× 经研规划〔2016〕86 号)文件出具。

该项目可研报告由××市电力公司于 2016 年 8 月 3 日下达的《××电力关于×× 检修公司 500 kV 北郊变电站 220 kV 隔离开关改造等项目可研的批复》(××运检〔2016〕33 号)文件批复。该项目可研报告的批复手续文件齐全。

（二）项目可研报告评审工作质量评价

按照××公司及××电力公司可研报告评审管理相关规定及惯例，该项目的可研评审工作由××电力公司运检部委托××市电力公司电力经济研究院评审中心负责完成，本次后评价过程中未查阅到评审单位对该项目可研报告的评审提出具体意见，仅有结论性意见。

本次后评价认为，本项目可行性研究报告未进行评审是企业投资决策关键环节缺失的体现，××电力公司《××市电力公司固定资产投资管理办法》中得相关规定为对项目单位编制的项目建议书、项目可行性研究报告属重大项目的应根据有关规定委托有资质的社会咨询机构和专家进行评估论证。因此，企业投资决策阶段最关键环节应予以充分重视。

三、可研报告质量

（一）项目可行性研究报告评价

该项目可行性研究报告由××建设集团××电力设计院有限公司负责编制，报告编制日期为 2016 年 3 月 28 日。

该项目可研报告内容，报告通篇写明了编制依据、工程现状、主要技术原则、改造方案、项目涉及的拟拆除设备、甲供材清单等内容。叙述结论较多、研究过程较少，未完全达到《生产技术改造和生产设备大修项目可行性研究内容深度规定》文件规定的深度要求。该项目可研报告编制深度方面除了现有的主要内容以外，未包括以下内容：

（1）对于项目建设的目标体系、建设资金筹措来源及经济、社会效益分析、工程实施安排，未予以论述。

（2）对于项目建设必要性只有结论性意见，未对安全性、效能与成本、政策适应性进行具体论述、分析。

（3）项目技术方案，报告未对项目技术方案实质性内容进行论述和研究分析，缺少技术实施方案等方面的论述。

（4）未对设备全寿命周期成本进行比较、分析，不满足××对可研报告编制深度的要求。

(二)可研报告的编制质量评价结论

该项目为企业投资、专项技术改造项目,主要建设内容为主变压器改造工程。

本次后评价认为,该报告对项目建设内容、规模、必要性、投资构成相应予以分配章节分段叙述,项目可行性研究报告,建设内容明确,描述基本详尽,但未包括项目建设的目标体系、建设资金筹措来源及经济、社会效益分析、工程实施安排等内容。

该项目的可研报告框架结构基本完整,内容比较充实全面。包括了规定要求的工程概述、项目必要性、项目技术方案、拟拆除设备清单等内容,总体质量符合《xx公司生产技术改造和设备大修项目可研编制与评审管理规定》的要求。

但该可研报告除现有内容外,还应包括项目建设的目标体系、建设资金筹措来源及经济、社会效益分析、工程实施安排等内容。

后评价认为,建设单位应在今后的企业投资项目决策阶段重视可研报告的编制工作、强化可研报告评审制度。

第三节　项目实施管理评价

项目实施管理评价包括项目实施准备工作、项目实施过程管理和施工组织设计评价三部分内容。

一、项目实施准备工作

(一)项目初设管理评价

1. 设计单位资质评价

该工程项目设计单位为xx建设集团xx电力设计院有限公司,其具有国家发展和改革委员会颁发的"工程咨询甲级资格证书"、国家住房和城乡建设部颁发的"工程设计甲级资格证书"、"岩土工程(勘察)甲级资格证书"、"工程咨询单位甲级资格证书"、"工程造价咨询企业乙级资质证书"、"工程招标代理机构资质证书",并具有固定资产投资项目节能评估资格,能够独立承担 1 000 kV 及以下电压等级送、变电工程设计;地区电网调度、通信工程设计;总承包及咨询业务;配套工

程设计、工业与民用建筑设计及工程勘测设计咨询等服务。设计单位资质满足
设计工作需求。

2. 初步设计主要内容及与可研报告建设内容差异

该工程项目初步设计文件由初步设计说明书、图纸、初步设计概算组成,设计
主要内容为总体概述、建设规模和主要技术方案、工程概算等内容。该工程概算金
额 286.36 万元。

该项目建设规模与可研报告基本一致,并按照当期招标价格计列主要材料价
格,××变电站 110 kV1# 主变压器改造概算总投资 286.36 万元,控制在可研批复
总投资 287.1 万元之内。

3. 初步设计质量

初步设计的评审与批复情况

该项目初步设计文件由××电力××供电分公司负责批复。该项目初步设计文
件符合相关设计标准,满足初步设计文件符合深度要求。设计文件完整,设计采
用经验成熟的技术、设备、材料,有效控制工程建设投资指标,设计质量良好,没
有发生重大设计变更,设计评审程序符合规定的要求,但未编制工程项目主要
技术经济指标表,未阐述采取的施工组织方案导致项目实施过程中对施工场地
部署、人员配备、机械设备安排、关键工序的施工方法等方面无法作以充分准备,
见表 4-2。

表 4-2　初步设计内容深度评价表

序号	内容要求	主要内容简述	是否达到深度规定及要求
1	设计依据	设计依据主要包括国家政策、法规;工程设计的规程、规范;可行性研究报告及批复文件;上级部门或业主单位对工程的特殊要求以及有关的技术协议书、会议纪要、设计合同或设计委托文件	达到
2	现状及项目实施必要性	包括项目的设备现状、改造原因及其期望达到的目标	未达到
3	设计规模和设计范围	说明设计的规模和设计范围	达到
4	设计方案	阐述采取的技术方案、过渡方案等	达到

续表

序号	内容要求	主要内容简述	是否达到深度规定及要求
5	施工组织设计	阐述采取的施工组织方案等	未达到
6	主要设备材料表	改造设备本体主变压器、控制电缆等	达到
7	项目概算书	编制项目的概算书	达到
8	技术经济特性	编制工程项目主要技术经济指标表	未达到

（二）施工图设计

该项目已委托××建设集团××电力设计院有限公司进行施工图设计，但本次后评价未查阅到施工图文件，认为，设计工作不到位，不能满足施工管理、质量、安全、进度、投资控制的需要。

（三）招标采购情况

1. 招标采购实施

该项目的采购分为设计、监理、施工、物资等项，其中设计采购采用框架招标的形式于 2015 年 1 月 14 日完成招标工作，监理采购采用非招标方式经评审的形式于 2017 年 4 月 28 日完成采购工作，施工采购采用非招标方式经评审的形式于 2017 年 4 月 28 日完成采购工作，但是物资采购环节存在应采取甲供方式而实际采取乙供方式。本阶段各项采购工作都能够及时完成，但在物资采购环节需要加强管理。

2. 招标采购结果

服务采购包括设计、监理，设计估算价为 175 750.00 元，框架中标价为 950 000.00 元，合同价为 152 813.00 元，结余 23 728.00 元；监理估算价为 14 238.00 元，中选价为 13 650.00 元，结余 588.00 元。

施工费估算价为 316 404.00 元，中选价为 340 000.00 元，增加 23 596.00 元。

上述服务、施工中标价与估算价相比共计结余 720.00 元，采购结果满足项目实施管理的需要。合同均在中标通知书或成交通知书下发一个月内签订。

（四）施工组织设计

工程于 2017 年 11 月 4 日开工，2017 年 11 月 10 日初步验收。在此期间，施工单位针对施工组织、安全、技术方面编制了相应措施，措施内容基本符合××相关规章制度要求，满足施工需要，但缺少相关报审、审批手续。在施工内容和施工进度方面，施工组织设计中采取了进度保证措施，制定了施工进度控制方案、工期保证措施。

本次后评价查阅了工程停电计划。该工程停电时间段为 2017 年 11 月 7 日7：00 至 2017 年 11 月 10 日 18：00 停××站 1# 主变，更换 1# 主变及主变二次端子箱。在停电期间内按时完成了相关施工内容，是该工程施工阶段保证进度的关键。

后评价认为，该项目施工组织设计内容基本符合××公司、××市电力公司相关规章制度的要求，但缺少对组织措施、安全措施、技术措施和施工方案的报审、审批手续，审批流程不合规。

二、项目实施过程

（一）施工进度管控

该项目使用横道图进行了施工计划编制，计划于 2017 年 11 月 4 日开工建设，2017 年 11 月 10 日完成全部工程建设，计划工期共为 7 天；实际工程建设工期为 2017 年 11 月 4 日至 2017 年 11 月 10 日，与计划工期无差异。项目实施总进度为 2016 年 3 月至 2018 年 3 月，其中项目前期准备阶段的项目可研编制取得批复时间为 2016 年 8 月 3 日；施工阶段的施工准备为 2017 年 10 月 26 日至 2017 年 11 月 4 日、工程开工为 2017 年 11 月 4 日、工程初步验收为 2017 年 11 月 10 日。竣工验收阶段的竣工验收、投入运行时间为 2018 年 1 月 1 日、工程结算完成时间为 2017 年 11 月 23 日、竣工决算报告编制完成时间为 2018 年 3 月 9 日，固定资产转资时间为 2018 年 3 月 9 日。

本次后评价认为，该项目实际执行情况与计划进度一致，施工进度管控工作到位、进度计划编制合理，保证了施工的速度、成本和质量。

（二）质量管理

本工程制定的质量目标主要包括：输变电工程"标准工艺"应用率≥95%；工程"零缺陷"投运；实现工程达标投产及优质工程目标；工程使用寿命满足公司质量要求；不发生因工程建设原因造成的六级及以上工程质量事件。为了评价以上目标的实现情况，本报告分别从监理、施工、验收三个方面的质量管理进行评价。为了评价以上目标的实现情况，本报告分别从监理、施工、验收三个方面的质量管理进行评价。

该项目委托了××电力工程监理有限公司对工程质量实施监理。

依据相关的施工过程资料及监理单位提供的监理过程文件资料，发现缺少监理旁站方案、分部分项工程验收等文件。监理单位在项目建设过程中能够严把进场大型机械、物资关，对施工单位资质及人员到位情况进行了跟踪，对施工单位的施工质量进行了适时检查和记录；但对重点工序施工、隐蔽工程、工程重点建设部位均未进行验收，对"施工三措"未进行审查，在监理方面未能落实工程质量保证措施，监理单位过程文件资料缺失。

在施工质量管理方面，施工单位在开工前编制工程施工方案，制定了质量控制措施、关键工序的质量控制及保证技术措施，施工过程资料齐全、能够全面反映施工过程的质量控制、形成过程，本次后评价过程中查阅了施工单位的《进度计划》《工程竣工报告》等施工过程文件，施工单位在该工程施工期间能够做到严把质量关、措施有效、工序质量、过程质量均满足了施工质量控制的总体要求。

在竣工验收方面，本次后评价过程中查阅主要参建单位的验收结论文件，认为该项目施工质量合格，无质量缺陷达到了工程合格率100%的目标；整个工程建设期间未发生七级及以上工程质量事件；无工程试运行中断或延误投产的质量事故；输变电工程"标准工艺"应用率达到了100%；该项目于2017年11月10日验收通过，2018年1月1日投入使用，实现了工程达标投产目标。

本次后评价认为，该项目的实施在质量管理方面实现了工程施工质量合格、按时竣工投产的质量目标，但在实施过程中质量措施落实不到位。

（三）安全控制

在安全管理方面，本次后评价工作重点查阅了工程档案资料，在项目建设单位的安全管理方面、监理单位、施工单位的安全管理等方面以及安全目标的实现方面分别予以评价。

1. 建设单位的安全管理

在安全管理方面，××供电分公司制定了施工安全运行方案，同时施工单位编制了施工安全措施。

（1）项目安全策划管理。

开工前，依据建设管理单位确定的项目安全管理总体目标，结合工程建设的实际特点，审批了施工项目部编制的施工"三措"、建立了项目安全管理制度、组织召开第一次安委会。

（2）项目安全风险管理。

组织监理及施工单位进行安全技术交底，收集、提供作业环境范围内可能影响施工安全设施等相关资料，并提出保护措施要求；开工前，组织开展危险源分析，监督检查监理和施工单位危险点辨识及控制措施的具体落实情况；工程建设过程中，督促施工单位建立施工现场的危险点及预控措施警示牌，并根据工程进度情况，按施工阶段及时更新，实施风险动态管理；在建设过程中，通过各级安全检查等活动，检查项目危险点辨识、风险控制措施落实情况。

（3）项目安全文明施工管理。

负责核查现场安全文明施工开工条件，重点做好各参建单位相关人员的安全资格审查、安全管理人员到位情况检查；工程建设过程中，重点发挥监理的安全管控作用，通过隐患曝光、专项整治、奖励处罚等手段，促进参建单位做好现场安全文明施工管理，过程检查做好记录，作为对工程各参建单位考核评价的依据。

通过以上安全管理工作的开展，该项目在安全管理方面，建设单位发挥了较大作用，后评价认为，建设单位的安全管理符合项目管理的要求、符合××对企业安全生产管理的要求。

2. 监理单位的安全管理

监理单位在项目开工前审查了施工单位的安全保障体系,对施工单位进行了安全交底,但未对施工方案及事故应急预案、施工三措等施工文件进行审查、未提出监理要求。

在施工过程中,工程监理人员基本履行了安全监督职责,保证了各项工程安全有序的开展。此外,监理公司定期和不定期组织施工安全检查,发现违章和安全事故隐患及时提出,督促整改。

通过以上对监理过程文件的查阅得知,该工程的监理单位在安全管理、监理方面总体管理较好,后评价认为,监理的施工过程安全监理基本满足项目安全管理要求,但未对施工方案及事故应急预案、施工三措等施工文件进行审查。

3. 施工单位的安全管理

该项目施工单位××电力有限公司与××电力公司××供电分公司签署了《承发包工程安全文明协议》,并规定了双方的安全责任、制定了施工现场的安全、消防、治安等管理制度。

该项目的安全生产管理目标为:"1. 不发生八级及以上人身、电网和设备事件;2. 不发生负同等及以上责任的一般交通事故;3. 不发生火灾事故;4. 不发生环境污染事件;5. 不发生违反治安条例的事件;6. 不发生有较大社会影响的安全事件。"

为了实现以上安全目标,施工单位在编制项目管理规划的前提下,重点编制了"三措一案"。在施工过程中严格执行有关安全施工的管理指令,同时,作为施工现场第一责任人,施工单位严把安全生产关口,在本次后评价过程中查阅的安全管理资料和工程档案文件中,未发现有关人身受伤、停电、火灾以及其他次生安全事故的发生,施工单位的安全管理,满足安全生产的要求,开工前制定的各项安全目标已实现。

4. 后评价结论

通过对该项目归档的施工资料的查阅,未发现有关安全、消防、环境污染、职业健康等方面的事故发生,实现了无火灾、环境污染、运输车辆重大交通等事故和人身重大伤亡事故的安全控制目标。符合××电力公司的有关安全生产等方面的规定。

（四）变更和签证

该工程项目竣工图与施工图内容一致，未发生设计变更。

（五）物资拆旧

该项目存在拆旧物资 SFSZ7-50000/110 变压器 1 台。

经查阅××供电分公司物资管理及废旧物资管理文书档案，该项目在停电运行前，已经按照建设方案内的改造内容，对拟形成的拆旧物资及涉及的资产实施了物资统计、鉴定、处置方式等环节做了相应的拆旧物资管理工作，对于变压器、配电箱、钢芯铝绞线，依据鉴定结论，按报废处置，相关手续、文件齐全。

（六）物资利旧

该项目未采用利旧物资，本次后评价不涉及对物资利旧的评价。

（七）合同履约

1. 合同签订情况

该项目设计合同与××建设集团××电力设计院有限公司签订，合同金额为 152 813.00 元，合同签订日期 2017 年 2 月 17 日。

该项目监理合同与××电力工程监理有限公司签订，合同金额为 13 650.00 元，合同签订日期 2017 年 5 月 23 日。

该项目施工合同与××市光达电力有限公司签订，合同金额为 340 000.00 元，合同签订日期 2017 年 5 月 25 日。但在施工合同签订过程中，其结算方式约定与招标文件不符合，即招标文件中约定"中标价加设计变更及现场签证"，合同约定的结算方式为固定总价，合同签订未按照招标文件执行。

该项目结算审核业务约定书与北京中瑞恒信造价咨询有限公司签订，合同金额为 28 656.00 元，合同签订日期 2017 年 12 月 1 日。

本次后评价认为，该项目的设计、监理、施工及结算审核合同签订手续基本齐全，但存在施工合同签订部分条款不合规、物资合同缺失的情况。

2. 合同履约情况

该项目的设计、监理、施工合同签订手续齐全,符合××电力公司合同管理的规定。合同管理基本执行××公司相关规定,同时××供电分公司采用"××公司合同全过程管理业务应用系统"管理合同,但存在设计单位未按合同约定提交相关成果文件(仅提供了初步设计文件),施工合同关于结算方式条款约定与招标文件不符情况,合同管理不到位的情况。

监理单位对该项目施工全过程进行了监理,监理工作基本到位,但未对施工方案及事故应急预案、施工"三措"等施工文件进行审查。

3. 设备监造情况

该项目使用的主变压器属于应监造设备目录内的监造对象,本次后评价未查阅到设备监造的相关资料,认为设备监造工作质量、措施落实不到位。

4. 财务管理

工程的财务核算由该公司财务资产部设专人专职负责,执行××电力公司制定的财务管理制度,××供电分公司能够按照××电力公司要求,按工程项目核算工程项目支出。本次后评价过程未发现有重大会计处理差错事项。但存在工程未开工提前列支成本的问题,建议在今后的财务管理过程中仍要加强财务管理工作,应严格按照约定的合同、发票、出入库料单、相关监理确认单、工程结算等以及索赔事项,据实进行支付。

第四节　项目结决算和档案管理评价

项目结决算和档案管理评价包括项目竣工验收管理评价、项目结决算管理评价和项目档案管理评价 3 部分。

一、项目竣工验收管理

该工程自 2017 年 11 月 4 日开工,2017 年 11 月 10 日竣工验收,施工工期 7 天,工程于 2017 年 11 月 10 日预验收,同日竣工验收并发电运行。在竣工验收管理方面,建设单位、运维单位、施工单位做了以下工作:

建设单位在工程完工前制定了工程预验收、验收计划,并就验收工作的开展结合施工进度召开了工程竣工验收动员会,部署了整个验收工作的分工、发电前准备工作、协调相关工区单位确认验收标准。

运维单位在验收管理方面,按照验收标准核实相关报告。

施工单位在验收管理方面,严格执行了《xx公司生产技术改造和设备大修项目验收管理规定》[xx(运检/4)318-2014],结合进度计划、施工过程文件、工程竣工报告文件,施工工程能够顺利完成预验收、验收工作。

本次后评价工作查阅了工程的主变压器、控制电缆等的《货物交接单》《到货验收记录》《工程竣工报告》《工程竣工认可书》等相关验收文件。

本次后评价认为,该项目的竣工验收工作总体较好、达到发电运行条件,但存在无验收申请手续、未对重点工序施工、工程重点建设部位进行分部分项验收的情况。

二、项目结决算管理

(一)结算审价管理

该项目实施全口径结算,工程竣工验收日期为 2017 年 11 月 10 日,工程结算时间为 2017 年 11 月 23 日,由建设单位委托北京中瑞恒信造价咨询有限公司完成工程结算审核,结算审核报告内容包括工程结算审核定案表、竣工结算审核汇总表等。工程结算报审金额 448 400.00 元,审定金额 330 305.00 元,审减金额 118 095.00 元。

该项目工程结算手续基本完备,结算审核程序符合合同条款约定。但存在结算依据不足的问题,后评价基准日,未见中标预算文件、竣工图纸及经由三方确认的工程量确认单、施工结算方式与施工合同约定不符合。

本次后评价认为,工程结算审核工作基本符合《xx公司生产技术改造项目竣工决算管理规定》(xxxx—2014)等相关规定的要求,但存在结算审核报告不完整、结算依据不足、结算方式与合同不符等情况。

(二)决算转资管理

项目单位财务部门于 2018 年 3 月 9 日自行完成竣工决算审核,并出具竣工决算审核报告。竣工决算审核报告内容包括封面、《决算说明书》《项目竣工决算表》。

该项目实际完成总投资 2 003 281.85 元。抵扣增值税金额 44 417.04 元,实际完成投资额 2 003 281.85 元,与初设概算相比,实际投资(含增值税)较概算资金节余投资 860 345.15 元,结余率为 30.04%。

该项目竣工决算报告不符合《××公司生产技术改造项目竣工决算管理规定》××××—2014)的要求:

(1)竣工决算报告未按照规定在项目竣工验收投运后 3 个月内,由项目单位财务部门组织完成编制工作。

(2)报告内容不完整,未包括项目资金筹措、来源等内容。

(3)填列金额与财务成本明细账不一致,经查财务明细账,项目支出工程监理费 12 877.36 元(不含税),决算报告显示未发生工程监理费,决算表金额填列不准确。

后评价认为,该项目竣工决算工作不满足《××公司生产技术改造项目竣工决算管理规定》(××××—2014)等相关规定的要求。

三、项目档案管理评价

该项目档案文件目录见表 4-3。

表 4-3　项目建设单位项目档案文件

序号	名称	数量	备注
建设单位文件			
1	项目可研	1	
2	可研批复	1	
3	综合计划	1	
4	项目初设	2	审定概算
			初步设计说明书、图纸
5	初设批复	1	初步设计审核会议纪要
6	施工图纸	0	无
7	服务合同	4	无物资合同
8	三措一案	1	施工"三措"、事故应急预案

续表

序号	名称	数量	备注
9	图纸方案审查纪要	0	无
10	开工报告	1	
11	监理报告	1	
12	工程量签证	0	无
13	设计变更	0	无
14	竣工验收申请	0	无
15	竣工验收报告	1	
16	结算审核报告	1	
17	设备拆旧清单和移交手续	3	

表 4-4 项目监理单位项目档案文件目录

序号	名称	数量	备注
		监理单位文件	
1	监理规划	1	
2	监理细则	1	
3	安全监理方案	0	无
4	质量旁站方案	0	无
5	监理会议纪要	1	
6	旁站记录	1	
7	监理日志	1	
8	监理初验方案	0	无
9	监理初验申请	0	无
10	监理初验报告	0	无
11	质量通病防治评估报告	0	无
12	监理工作总结	1	
13	质量评估报告	0	无

表 4-5 项目施工单位项目档案文件目录

序号	名称	数量	备注
	施工单位文件		
1	施工方案	1	
2	施工方案审批表	0	无
3	安全措施方案	1	
4	技术措施方案	1	
5	组织措施方案	1	
6	应急预案	1	
7	开工报审表	1	
8	设备进场报审	0	无
9	开箱申请	0	无
10	施工质量评定验收及评定范围划分报审	0	无
11	分项工程质量评定表	0	无
12	试验报告	0	无
13	公司级专检报告	0	无
14	工程竣工报告	1	

通过对该项目已归档的工程档案资料的查阅对比,后评价认为,××供电分公司在工程档案管理方面主要执行了《××公司档案管理办法》[××(办/2)417-2014],该项目档案文件的收集、整理、归档工作基本满足工程项目管理需要,能够真实反映工程建设期间的全貌,但存在部分主要文件归档不齐全、文件签字手续不齐全等问题,如设计、监理、施工招标或评审过程文件未归档(仅有中标通知书、成交通知书归档)。

第五节 项目投资控制评价

该项目可研批复金额 287.1 万元, 投资计划批复资金 287.1 万元, 后调整至230 万元,初设概算金额为 286.36 万元,工程竣工结算施工费金额为 33.03 万元,竣工决算金额（含增值税）为 200.33 万元，抵扣增值税金额 4.44 万元后竣工决算金额为 195.89 万元，见表 4-6：

表 4-6　项目全过程造价对比表　　　　　　　　　　单位：万元

项目	可研估算	初设概算	竣工结算（不含税）	竣工决算（不含税）
总投资	287.18	286.36	195.89	195.89
建筑工程费	0.00	5.15	0.00	0.00
设备购置费	231.61	227.03	149.83	149.83
安装工程费	29.23	30.44	31.04	31.04
拆除工程费	0.00	1.87	0.00	0.00
其他费用	26.34	21.88	15.01	15.01

一、概算与估算对比评价

根据提供的××工程设计有限公司出具的可研报告费用说明，确认本工程估算投资 2 871 812.00 元。项目概算投资 2 863 627.00 元。较估算资金节余投资 8 185.00 元，结余率为 0.29%。具体情况见表 4-7。

本次评价对于概算投资结余资金构成和结余原因分析如下：

（1）建筑工程费增加 51 513.00 元，此项费用在概算中主要为主变压器基础、感温电缆安装（包括主材费）的费用，估算中将主变压器基础费用纳入到了安装工程费中，金额为一笔性费用 10 000.00 元。因此概算与估算相比建筑工程费实际增加 41 513.00 元，主要原因为概算增加安装感温电缆 200 米，涉及安装费及主材费 28 549.00 元，此外主变压器基础费用增加 12 964.00 元。

（2）设备购置费结余 45 820.00 元，主要原因为主变压器单价降低，由 2 316 100.00 元调减为 2 261 250.00 元，型号、数量未调整，主变压器设备费结余 54 850.00 元；但因概算中增加了 2 台避雷器（设备费 423 元），1 台户外端子箱（设备费 8 607 元），即增加设备费 9 030.00 元。因此设备购置费总结余 45 820.00 元（54 850－9 030＝45 820）。

（3）安装工程费增加 12 047.00 元，主要原因为概算中将主变压器基础费用纳

表 4-7　概算与估算情况对比表

	工程或费用名称	估算金额(元)	概算金额(元)	增减额(元)	增减比率(%)
1	建筑工程	0.00	51 513.00	51 513.00	100.00
2	设备购置	2 316 100.00	2 270 280.00	−45 820.00	−1.98
3	安装工程	292 324.00	304 371.00	12 047.00	4.12
4	拆除工程	24 080.00	18 695.00	−5 385.00	−22.36
5	其他费用	239 308.00	218 768.00	−20 540.00	−8.58
5.1	建设场地租用及清理费	30 000.00	30 000.00	0.00	0.00
5.1.1	拆除物返库运输费	30 000.00	30 000.00	0.00	0.00
5.2	项目建设管理费	32 767.00	35 018.00	2 251.00	6.87
5.2.1	工程监理费	14 238.00	16 856.00	2 618.00	18.39
5.2.2	设备监造费	18 529.00	18 162.00	−367.00	−1.98
5.3	项目建设技术服务费	176 541.00	153 749.00	−22 792.00	−12.91
5.3.1	工程设计费	175 750.00	152 813.00	−22 937.00	−13.05
5.3.2	工程结算编制审查费	791.00	936.00	145.00	18.33
	合　计	2 871 812.00	2 863 627.00	−8 185.00	−0.29

入安装工程费中,金额为 10 000.00 元;而估算将此项费用单独划分到了建筑工程费中。

(4)拆除工程费结余 5 385.00 元,主要原因为拆除工程量减少,及拆除综合单价稍有调整。

(5)其他费用结余 20 540.00 元,主要原因为工程设计费减少,由 175 750.00 元调整为 152 813.00 元。

根据以上分析,结论为该项目的实施未改变原批复的建设规模,投资结余真实、结余金额构成与实际实施内容基本相符,概算编制深度及偏差在规定的范围内。

二、决算与概算对比评价

根据提供的××建设集团××电力设计院有限公司出具的本工程概算书审定

版,确认本工程概算投资 2 863 627.00 元。项目实际完成投资 2 003 281.85 元,抵扣增值税金额 44 417.04 元后实际完成投资金额 1 958 864.81 元。与概算相比,实际投资(含增值税)较概算资金节余投资 860 345.15 元,结余率为 30.04%;实际投资(不含增值税)较概算资金节余投资 904 762.19 元,结余率为 31.59%。具体情况见表4–8。

表 4–8　决算与概算情况对比表

	工程或费用名称	概算金额(元)	决算金额(元)	增减额(元)	增减比率(%)
1	建筑工程	51 513.00	0.00	−51 513.00	−100.00
2	设备购置	2 270 280.00	1 498 305.00	−771 975.00	−34.00
3	安装工程	304 371.00	310 449.43	6 078.43	2.00
4	拆除工程	18 695.00	0.00	−18 695.00	−100.00
5	其他费用	218 768.00	150 110.38	−68 657.62	−31.38
5.1	建设场地租用及清理费	30 000.00	0.00	−30 000.00	−100.00
5.1.1	拆除物返库运输费	30 000.00	0.00	−30 000.00	−100.00
5.2	项目建设管理费	35 018.00	5 947.17	−29 070.83	−83.02
5.2.1	项目法人管理费	0.00	5 947.17	5 947.17	100.00
5.2.2	工程监理费	16 856.00	0.00	−16 856.00	−100.00
5.2.3	设备监造费	18 162.00	0.00	−18 162.00	−100.00
5.3	项目建设技术服务费	153 749.00	144 163.21	−9 585.79	−6.23
5.3.1	工程设计费	152 813.00	144 163.21	−8 649.79	−5.66
5.3.2	工程结算编制审查费	936.00	0.00	−936.00	−100.00
	合计	2 863 627.00	1 958 864.81	−904 762.19	−31.59

根据以上分析,结论为该项目的实施未改变原批复的建设规模,投资结余真实、结余金额构成与实际实施内容基本相符,概算编制深度及偏差在规定的范围内。估算、概算、决算对比详见下表。

表 4-9　估算、概算、决算对比表

项目	金额（元）	与上一阶段造价水平相比	
		减少额（元）	减少比例（%）
估算	2 871 812.00		
概算	2 863 627.00	8 185.00	0.29
决算	2 003 281.85	860 345.15	30.04

决算中其他费用为 176 416.58 元（含增值税），抵扣增值税后为 150 110.38 元。实际发生的其他费用较概算结余 42 351.42 元，主要构成为建设场地租用及清理费、项目建设管理费(包括项目法人管理费、工程监理费、设备监造费)、项目建设技术服务费(包括工程设计费、工程结算编制审查费)等费用,决算仅发生了项目法人管理费、工程设计费,其余费用未发生。

三、项目投资后评价结论

本次后评价认为:建设单位对该项目的施工实施了比选评审工作、设备采购实施了公开招标,通过充分的竞标、竞选有效控制投资,同时建立完善的合同签订、审核程序,能够通过合同手段落实造价控制措施。在项目建设过程中,建设单位重视工程变更洽商增项的预控工作,严格履行技术评审与造价评估工作,将造价控制工作落实在设计阶段、施工阶段、结算阶段、决算阶段的各个环节,后评价认为该项目投资控制管理工作比较到位,达到了预期目的。

第六节　项目运营绩效评价

项目运行绩效后评价包括运行效益评价、社会效益评价、环境影响评价三部分。

一、运行效益评价

(一)安全评价

1. 设备事件、电网事件安全评价

改造前设备运行事件、电网事件及安全隐患。

自 1999 年投运至改造前,该台主变多次出现套管渗漏油,空负载损耗比同类设备大 70% 左右,且冷却方式落后,绝缘性能有一定下降,抗短路能力不强,存在一定的安全隐患。

改造后设备运行状态、电网事件及改造后效果评价。

该项目投入运行后,由××供电分公司变电工区运行维护工作。该项目于 2018 年 1 月 1 日投运,经查阅变电站变电设备巡检记录、事故记录,至 2018 年 9 月后评价基准时日,共发现故障 0 项,总体运行良好。

2. 设备事件、电网事件存在的安全生产风险评价

(1)项目安全风险概率分析。

根据项目可能发生的安全风险事件,评估风险发生的频次,累加得到项目安全风险概率。

该项目实施自投运以来设备运行情况稳定,未发生任何事故、故障等不安全现象。

(2)改造前后风险评价。

改造前风险评价:根据项目风险概率评估表和状态评价结果,确定风险发生概率处于高位,为 4 级,根据项目风险矩阵评分表,该项目综合评估风险值为 16。

改造后风险评价:根据项目风险概率评估表和状态评价结果,确定风险发生概率处于极低位,为 1 级,根据风险矩阵评分表,该项目综合评估风险值为 1。

(3)设备及电网安全风险评价结论。

通过对 110 kV××变电站 110 kV1# 主变压器改造,减轻了原供电的负荷压力,增强了抗短路能力及设备的绝缘性能,提高了供电的可靠性。消除电网安全风险,消除了设备套管渗漏油等安全隐患,后评价认为在安全评价方面,现阶段结论为符合设计要求、功能需求,具有提升了电网可靠性的效果。

(二)效能评价

该项目在效能评价方面,涉及对于设备供电能力提升输电能力、设备可用系数以及相关效能指标方面。

1. 设备供电能力及提升输电能力评价

表 4-10　改造前后平均负载率、输送电量水平

年度	平均负载率(%)	输送电量(万 kW·h)	事故停运次数(次)
2014	26	10 495.132	3
2015	29	12 635.46	1
2016	28	12 496.48	1
2017	27	11 542.878	3
2018	29	12 586.78	0

表 4-11　改造前后短路电流水平

短路电流峰值	高压(kA)	中压(kA)	低压(kA)
改造前	3	10	20
改造后	5	20	34

该项目实施后××变电站 110 kV1# 主变压器进出线均不发生改变,更换后提升了输电系统的供电可靠性,110 kV 输电线路路径、供电容量未改变,保持了改造前的输电能力,保证了输电线路的稳定运行。该项目的投产提升线路输送能力,提高地区供电可靠性,满足该地区的供电需求。

2. 设备可用系数评价

表4-12　改造前后一年期间的设备可用系数

年度	周期	可用小时数	日历小时数	设备可用系数	事故停运次数(次)
2016—2017	365 天	8 739	8 760	0.998	3
2018—2019	365 天	8 760	8 760	1.00	0
系数差额		−21	0	−0.002	3

从以上数据分析,改造后设备可用系数增大,设备可靠性增强。

3. 效能相关指标

二氧化硫减排指标和二氧化碳减排指标:该项目在生产、输电过程中不直接

向大气排放二氧化硫和二氧化碳,本次评价不涉及上述 2 项指标的直接评价。

(三)经济效益评价

该项目为技术改造项目,主要建设目标为保证输电线路的可靠性,消除了短路电流不满足电网运行的要求以及主变压器存在绝缘性能不足、套管渗漏油等故障的发生,在经济效益方面现阶段,主要评价内容为运检成本和运营收益两方面评价。

本次后评价可按照资产全寿命周期成本(LCC)计算方法,对项目技术方案的初始投入成本、运维成本、检修成本、故障成本、退运处置成本等进行全面计算归集,采用成本—效益比较法对项目实施的经济效益进行评价。

经与项目建设单位××电力公司××供电分公司相关部门座谈,结合该公司设备检修运维成本核算方法及核算口径设置现状分析认为,该项目改造内容为原有主变压器的更换,实施后变电站各进线、出线均不发生改变,年常规运行维护非事故处理费用未随着设备更换而变化。因此本次评价决定采用简化的成本分析方法用于效益评价,即仅归集增加减少费用,不变费用不予归集的"非全寿命成本分析法"实施评价。经过计算后的改造前后成本对比,见表4-13。

经评价对比,该项目经济效益是可行的、运检成本是降低的、在供电量的增加方面未有显著提升。

表 4-13　改造前后年度成本统计表

序号	费用名称	改造前	改造后
1	CI	0	100 164
2	CO	95 207	95 207
3	CM	123 100	123 100
4	CF	419 437	0
5	CD	0	0
	小计	637 744	318 471

注:CI(cost of investment)初始投入成本、CO(cost of operation)运维成本、CM(cost of maintenance)检修成本、CF(cost of fault)故障成本、CD(cost of disposal)退运处置成本

二、社会效益评价

(一)110 kV××变电站在××电网中的作用

××变电站坐落于××地区××附近,为××商贸区,本站安装有 110 kV 变压器两台,110 kV 进线 2 回,一回由××站供电的××线 111,另一回为××线 113。35 kV 出线 8 回,负荷性质主要为自贸区商贸、港口、盐场、化工工业及部分民用电;××线319、××线 312 还可以反充 35 kV 母线供 35 kV 负荷。10 kV 出线 12 回,并设有10 kV 6# 母线各路可以互带,负荷性质主要为民用电。

(二)社会责任承担评价

通过××变电站 110 kV1# 主变压器改造工程,解决了站内主变压器抗短路能力不足、渗漏油问题,因此,××变电站 110 kV1# 主变压器改造工程有利于提高电网运行可靠性、保障地区负荷发展供电的要求。同时,对××市区域电网及项目所在地电网的供电可靠性有提升,项目实施前后,消除了变电设备隐患及固有缺陷,此次改造完成后对所辖供电区域内各自贸区商贸、港口、盐场、化工工业及居民的生活、工作产生了积极影响,在提升电网输电可靠性的同时最大限度的保障了整个城市××地区的供电。因此,该项目的实施带来了应有的社会效益,同时也是供电企业也积极主动的承担了社会责任的体现。

(三)推动产业技术进步评价

该项目主要建设内容为更换主变压器,采用的设备为常规设备,且施工工艺均为常规工艺,未涉及电力行业先进技术、国产设备、创新性技术,在提高电力行业技术水平、提升国产制造水平、推动其他行业技术进步等方面未发生变化。在保障供电能力及提高城市区域供电量方面有较大贡献。

三、环境影响

(一)环保设施落实评价

本次后评价工作期间查阅了施工单位编制的各项措施方案及施工现场部分档案照片,该工程在施工过程中采取了适当的噪声的控制措施,废水的控制措施,扬尘、弃渣的控制措施等环境控制措施。

本次后评价认为:通过以上管理措施的实施,在整个施工安装期间,该改造项目对于施工期间的噪声、废水、扬尘、弃渣、生态影响的因素所采取的保护措施满足××市对施工现场环保管理的总体要求。

(二)环境影响效果评价

1. 噪声排放

该项目为110 kV主变压器更换,实施后110 kV××变电站进出线均不发生改变,更换后提升了输电系统的供电可靠性,110 kV输电线路路径、容量未改变,保持了改造前的输电能力,电压等级未增减,噪音排放指标无变化,对比改造前,相对于地面反射面范围内,设备噪声排放对周边环境的影响与改造前相同。

2. 固体排放

该项目设备运行不涉及固体废物排放。

3. 气体排放

该项目设备运行不涉及气体废物排放。

4. 评价结论

经该项目建设后对周围环境影响无变化,在环境影响方面各指标均符合控制标准。

四、项目运行效益打分

表4-14 项目运营绩效评分表

一级指标	二级指标	打分规则	满分	得分
运行效益 (60分)	安全评价	采取加分制:具体评分方法详见项目运行效益评价指标表	20	20
	效能评价		20	20
	效益评价		20	15
社会效益 (20分)	社会责任承担评价	采取加分制:没有相关成效不得分;取得1个点成效得5分;2个点及以上得10分	10	10
	推动产业技术进步评价		10	0
环境影响 (20分)	环保措施落实评价	采取扣分制:1项措施不到位或1个检测值不合格扣5分,受到1个相关投诉扣10分,扣完为止	10	10
	环境影响效果评价		10	10
总分		100		85

由表4-14可知,项目的运行效益综合评分为85分,具有良好的运行效益。

第七节　项目后评价结论

一、项目目标评价

该项目以企业安全生产为基础、以促进城市区域电网建设为根本,是推动技术进步、经济发展、降低企业生产运营综合成本的技改项目。因此,该项目决策正确,项目建设目标明确。决策程序基本合理,在可研报告的编制和评估方面应予以充分重视,尤其是可行性研究报告的编制深度应达到国家、电力行业对固定资产投资管理的要求。

本报告将项目目标实现程度分为实现(A)、基本实现(B)、部分实现(C)和未实现(D)4个等级,并采用专家打分法进行评价。

××公司110 kV××变电站110 kV1# 主变压器改造项目目标评价,见表4-15。

表4-15　项目目标评价表

目标层次	评定指标	实现程度	评定等级
宏观目标	加强××电力公司安全管理	基本实现	A
	加快基础设施建设,完善城市区域电网功能	基本实现	B
	保障供电安全,适应××市经济建设发展的需要	基本实现	A
项目目标	减少变压器损耗,提高设备可靠性和经济效益	实现	A
	提高变电站设备运行的可靠性	实现	A
	减少运行维护工作量	实现	A
项目目标总评价			A

目标评价结果表明,该项目实现了预期的宏观目标和项目目标。

二、项目成功度评价

根据该项目的特点,将分别从宏观及具体目标、立项决策与建设过程、运行效果、社会经济效益及影响等几个方面,通过综合评定,后评价小组及专家组提出对本建设项目成功度的评价结论,详细内容见表4-16。

表 4-16　项目成功度评价

目标层次	评定项目指标	相关重要性	评定等级
宏观及项目目标	1. 宏观目标	重要	B
	2. 项目目标	重要	A
立项决策与建设过程	3. 项目决策与程序	次重要	B
	4. 建设内容及规模	次重要	A
	5. 项目建设标准	次重要	A
	6. 项目进度及其控制	次重要	A
	7. 项目质量及其控制	重要	B
	8. 项目投资及其控制	重要	A
运行效果	9. 项目技术水平	不重要	A
	10. 减少变压器损耗,提高设备可靠性和经济效益	重要	A
社会经济效益及影响	11. 项目经济效益	不重要	A
	12. 项目社会影响	重要	A
项目成功度总评价			A

按照成功度评价结果,后评价认为在组织实施"××公司 110 kV××变电站 110 kV1# 主变压器改造项目"专项技改项目过程中,××供电分公司做到项目全过程管理,项目实施完成后,输电线路运行状态良好,同时该项目的建设管理较好,具有较好的社会效益,故该项目成功度的总体评价结论为"成功"。

三、项目全过程管理指标评价

根据报告结构与内容建立《项目管理全过程评分表》,见表 4-17。

(1)项目前期工作评价:得分为 10 分,扣除 5 分。关于项目建设的前期准备充分,并编制可行性研究报告。但可行性研究报告不满足××对可研报告编制深度的要求,故扣除 5 分。

(2)项目实施准备阶段:得分为 9 分,扣除 10 分。初步设计文件、施工组织方案内容完整、文件质量良好。但初设未进行的评审程序,不符合《××公司生产技术改造和设备大修项目初步设计编制与评审管理规定》,施工图未归档、施工方案内

表 4-17　项目管理全过程评分表

一级指标	二级指标	打分规则	满分	得分
项目前期工作评价（14分）	前期组织	出现项目必要性和立项依据不充分、流程不规范等问题，则1项问题扣2分，扣完为止	4	4
	可研报告审批	出现组织、流程不规范、审批不及时等问题，则1项问题扣2分，扣完为止	5	5
	可研报告质量	出现内容不完整、不规范、质量不高、多次批复等问题，则1项问题扣2分，扣完为止	5	0
项目实施准备评价（19分）	初步设计	出现组织流程不规范、审批不及时、设计内容不完整、质量不高、多次批复等问题，则1项问题扣2分，扣完为止	5	3
	施工图设计	出现内容不完整、不规范、质量不高等问题，则1项问题扣2分，扣完为止	4	0
	招标采购	出现流程不规范、不及时、招标结果不能满足施工需求、流标等问题，则1项问题扣2分，扣完为止	5	5
	施工组织方案	出现内容不完整、质量不高、流程不规范等问题，则1项问题扣2分，扣完为止	5	1
项目实施过程评价（32分）	进度管控	出现进度计划未制定、进度偏差较大、管控措施不合理等问题，则1项问题扣2分，扣完为止	4	4
	质量管理	出现管控措施不合理、落实不到位等问题，则1项问题扣2分，扣完为止；出现质量问题，直接扣4分	4	4
	安全控制	出现管控措施不合理、落实不到位等问题，则1项问题扣2分，扣完为止；出现安全问题或违章事件，直接扣4分	4	4
	物资拆旧	出现落实不到位、流程不合规、内容不规范等问题，则1项问题扣2分，扣完为止	4	4
	设备利旧	出现手续不齐全、流程不规范、措施落实不到位、方案差异较大等问题，则1项问题扣2分，扣完为止	4	4
	变更和签证	出现方案不合理、执行不到位、运行后前期目标未全部实现等问题，则1项问题扣2分，扣完为止	4	4
	合同履约	出现合同履约不到位、监理执行不到位、设备建造不到位、执行偏差较大等问题，则1项问题扣2分，扣完为止	4	2

续表

一级指标	二级指标	打分规则	满分	得分
项目实施 过程评价 （32分）	竣工验收	出现组织、流程不规范、资料不完整、质量不 高等问题，则1项问题扣2分，扣完为止	4	2
结决算 管理评价 （10分）	结算审价管理	出现组织、流程不规范、不及时、内容不完 整、质量不高等问题，则1项问题扣2分，扣 完为止	5	3
	决算转资管理	出现组织、流程不规范、不及时、内容不完 整、质量不高等问题，则1项问题扣2分，扣 完为止	5	1
档案管理 评价（5分）	档案管理	出现归档不及时、资料不齐全、质量不高等 问题，则1项问题扣2分，扣完为止	5	1
项目投资 控制评价 （20分）	建筑工程费分析	取概算与估算偏差、结算与概算偏差两者中 的大值，若费用偏差±5%以内得4分；偏差 ±10%以内得3分；偏差±15%以内得2分； 偏差±20%以内得1分；偏差超过±20%得0 分；赔偿费用不合理，扣2分，扣完为止	4	0
	安装工程费分析		4	4
	拆除工程费分析		4	0
	设备购置费分析		4	0
	其他费用分析		4	1
总分		100		56

容未达到要求且未履行报审审批手续，故扣除10分。

（3）项目实施过程评价：得分为28分，扣除4分。建设单位、监理单位、施工单位的管理基本到位，各流程管理规范，内容完整、措施落实，但存在部分设计成果文件缺失设计履约不到位、资料归档不齐全的情况，故扣除4分。

（4）项目结决算管理评价：得分为4分，扣除6分。该项目结、决算内容不完整、决算填列数据不准确，内容不符合《××公司生产技术改造项目竣工决算管理规定》等规章制度要求，故扣除6分。

（5）项目档案管理评价：得分为1分，扣除4分。在档案管理中存在部分主要文件归档不齐全，手续不齐全问题，故扣除4分。

（6）项目投资控制评价：得分为5分，扣除15分。安装工程费概算较估算减少比例为4.12%，费用偏差±5%以内得4分；其他费用实际支出较概算减少比例

19%，费用偏差±20%以内得 1 分；建筑工程费、设备购置费、工程拆除费，费用偏差均超出±20%得 0 分，故共扣除 15 分。

因此，该项目项目管理全过程最后评分 56 分。

四、项目运行绩效评分分析

在运行效益方面，通过对 110 kV××变电站 1# 主变的改造，增加了供电的可靠性。后评价认为在安全、效能评价方面，现阶段结论为符合设计要求、功能需求，具有提升了电网可靠性的效果。从供电量增加等方面分析，改造前后未发生明显变化，因此，在运行效益评价中扣除 5 分，得分为 55 分。

在社会效益方面，该项目为技术改造项目，对××市区域电网及项目所在地电网的供电可靠性有所提升，在提升电网输电可靠性的同时最大限度的保障了该区域配电网供电的可靠性；该项目未采用电力行业先进技术、国产设备、创新性技术，在推动产业技术进步方面未发生变化。因此，在社会效益评价中扣除 10 分，得分为 10 分。

在环境影响方面，该项目环保措施落实到位，噪音、固体、气体等检测值合格，未接到相关投诉。因此，在环境影响评价中扣除 0 分，得分为 20 分。

运营绩效评价总分为 85 分，良好。

五、总结

(一)总体评价

××供电分公司根据上级公司相关工作管理办法的要求，加强了对该项目实施的组织领导，基本能够做到认真组织项目实施，严格控制费用支出，加强项目全过程管理。建设期内未有重大问题、安全事故发生的情形。但在档案管理方面存在部分主要文件归档不齐全、文件报审及审批手续不齐全等问题；在监理管理方面，监理单位对该项目施工全过程的安全、质量、进度、验收等方面的监理工作不到位。项目运行情况方面，自 2018 年 1 月 1 日投运以来，经运行维护单位定期巡检、维护，已投运设备、设施运行状态良好。至今未发生停电、断电、套管渗漏油及其他故障等，故障停运次数为 0 次，非计划停运次数为 0 次，设备总体运行状况良好，改造后的主变压器未进行过大修。这表明，该项目的实施对提升线路输送能力，改善网络结构、提高地区供电可靠性，满足该地区的供电需求起到了应有的作用。

（二）经验和不足

该项目在建设期内,存在可研报告编制深度有待提高、初步设计未履行评审手续、设计履约不到位、监理工作不到位、结算依据不足、结算审核报告内容不完整,决算不及时、报告内容质量未到达要求,以及部分主要文件归档不齐全、文件报审及审批手续不齐全等问题。

（三）措施和建议

（1）建议建设单位认真执行××公司相关制度,做好竣工工程的新增固定资产价值核算和固定资产转资工作。

（2）建议加强前期工作管理,做好可研评审工作,以保证前期工作质量,为企业内部投资决策行为提供有力依据。

（3）加强项目初步设计评审工作,以保证建设项目总投资的准确、完整,防止任意扩大投资规模或出现漏项,避免增加企业为工程项目筹措建设资金的难度。

（4）做好合同管理工作,加强合同履行过程中的监控、管理工作,使合同双方能够完全适当的履行签订的书面合同。

（5）加强设备监造环节管理,做到监造前有方案、监造过程中有记录、监造后有报告。

（6）加强工程监理的过程工作管理,使监理单位能够发挥应有的作用。

（7）工程档案管理是建设项目的重要组成部分,建议建设单位在今后的改造项目管理过程中,重视工程档案管理。

第八节　小结

为了使读者更好地理解电网生产技改项目后评价的具体过程,本章选取了一个典型的针对变电站一次设备的技改项目进行后评价实例分析。

作为本书第一个后评价实例,作者在进行案例选择的时候尽量选取每一个环节都存在问题的项目,抓住重点,参照本书前述章节中关于后评价方法和后评价流程及工作内容的介绍,围绕项目的各个管理环节进行全过程后评价。

第五章 输电线路技改项目后评价实例

第一节 项目概况

一、项目情况

××高速铁路,简称××高铁、又名××客运专线,作为××快速客运通道,是中国"四纵四横"客运专线网的其中"一纵"。××高铁建成投入使用后,不仅让人们享有更快、更方便、更舒适的出行,而且对沿线经济社会发展起到积极作用。

××线 70#~72#,线路面向大号侧左侧为××线,该段线路于 2010 年 5 月投运右侧××支线,该段线路于 2009 年 12 月投运。架空线路在遭遇极端寒冷、大风天气时造成的覆冰、舞动情况均对××高铁具有一定安全隐患,若线路故障,发生倒塔、断线等情况,将影响高速铁路正常运行,造成很大影响,甚至发生重大安全事故。

根据《架空输电线路"三跨"重大反事故措施》(××运检〔2016〕413 号)规定,现状××线 70#~72# 铁塔,不满足"杆塔结构重要性系数应不低于 1.1"的要求,另外根据《××生产设备技改原则》(××运检〔2015〕21 号)针对依据相关技术规范校核后不符合相应技术要求"三跨"杆塔,如无法采取非整体更换类措施,应采取整体更换杆塔方式进行改造。110 kV 线路跨高铁区段需结合现场实际情况综合考虑,条件具备时宜采取电缆方式进行钻越(三跨反措 7.1)。为防止跨越高速公路发生倒塔、断线事故,而导致较大的公共安全和电网安全事件,本工程拟将××70#~72# 段改造入地。

项目规模:本工程将现状××线 70#~72#(××线××支线 37#~39#)跨越××高铁

段入地。

本工程新设 110 kV 线路,新设双回电缆路径长约 0.68 km,电缆为 800 mm²,新设沟槽、排管、拉管敷设。现状架空线重新紧线段长约 0.39 km,现状架空线导线为 LGJ–300/40、地线为 GJ–50。

同时需拆除××70#、71#、72# 三基铁塔,拆除 N1~N2 现状导地线 0.49 km。

该项目的实施单位为××电力公司××供电分公司,主要参建单位如下。

设计单位:××电力设计院有限公司。

施工总承包单位:××送变电工程有限公司。

监理单位:××电力工程监理有限公司。

二、项目执行情况

(一)项目投资情况

该项目可研估算批复金额 947.4 万元,计划批复资金 947.4 万元,由《××市电力公司关于下达 2018 年第二批生产技改项目投资计划的通知》(××发展〔2018〕12 号)文件批复,所需资金全部由××市电力公司自筹。

该项目批复资金调整为 692 万元,由《××市电力公司关于下达 2019 年第五批生产技改项目投资计划的通知》(××发展〔2019〕144 号)文件批复。

决算金额为 691.717 0 万元。

截至竣工决算报表编制日期,本工程资金文件来源 6 917 169.57 元。

(二)项目实施过程

1. 项目前期准备阶段

项目可研批复时间:2017 年 9 月 13 日。

施工图设计完成时间:2018 年 7 月。

施工合同时间:2018 年 6 月 20 日。

2. 施工阶段

项目实际工期:244 天。

工程开工时间:2018 年 9 月 26 日。

工程初步验收时间:2019 年 5 月 28 日。

3. 竣工验收阶段

竣工验收、投入运行：2019 年 5 月 28 日。

结算完成时间：2019 年 6 月 20 日。

竣工决算报告编制完成时间：2019 年 9 月 25 日。

项目总进度：2018 年 9 月至 2019 年 9 月（竣工投产日期为 2019 年 5 月 28 日）。

（三）项目设备运行情况

经查阅××市电力公司 PMS 系统数据，2019 年 5 月 28 日投运以来，至今未发生电缆终端爆炸、起火火灾事故、人身伤亡、误操作事故和故障等，故障停运次数为 0 次，非计划停运次数为 0 次，设备总体运行状况良好，改造后的电缆线路未进行过大修。

该项目已于 2019 年 5 月 28 日起投入使用，经运行维护单位定期巡检、维护，已发现缺陷共计 10 处。

三、项目关键节点进度评价

该项目自可研编制至竣工投产运行，执行了上级单位批复的项目里程碑计划，自项目可行性研究报告批复后，每一重点、关键节点都能够基本完成计划时间，总体进度较好，各类成果文件、批复文件齐全。该项目实际关键节点与计划差异详见表 5-1。

表 5-1　项目关键节点一览表

序号	项目关键节点	实施主体	相关文件、文号	计划时间	实际时间
1	可研评审	××市电力经济技术研究院	可研评审	无	2017 年 8 月 15 日
2	可研批复	××市电力公司运检部	《××电力关于××公司 35 kV××站 35 kV 和 10 kV 开关柜改造等项目可研的批复》（××运检〔2017〕51 号）	无	2017 年 9 月 13 日
3	设计中标通知下达	××招标有限公司	中标通知书	无	2018 年 4 月 16 日

续表

序号	项目关键节点	实施主体	相关文件、文号	计划时间	实际时间
4	设计合同签订	××电力设计院有限公司	设计合同	无	2018年4月19日
5	初步设计评审	××市电力公司 ××供电分公司	《××公司关于下发第二批输电"三跨"线路改造等5项工程初步设计审核意见的通知》(××运检〔2018〕5号)	无	2018年4月25日
6	初步设计批复	××市电力公司 ××供电分公司	××运检〔2018〕5号	无	2018年4月25日
7	施工中标通知书下达	××招标有限公司	中标通知书	无	2018年5月23日
8	施工合同签订	××市送变电工程有限公司	施工合同	无	2018年6月20日
9	监理成交通知书下达	××市电力公司 ××供电分公司	成交通知书	无	2018年3月26日
10	监理合同签订	××电力工程监理有限公司	监理合同	无	2018年4月19日
11	结算审计业务中选通知书	××招标有限公司	中选通知书	无	2018年6月15日
12	开工建设	××市送变电工程有限公司	单位工程开工申请	2018年6月25日	2018年9月26日
13	竣工验收	××市送变电工程有限公司	竣工验收报告	2018年11月15日	2019年5月28日
14	结算审核业务约定书	××工程造价咨询有限公司××分公司	结算审核业务约定书	无	2019年6月16日
15	工程结算	××工程造价咨询有限公司××分公司	工程结算审核报告	无	2019年6月20日
16	决算转资	××市电力公司 ××供电分公司	竣工决算报告	无	2019年9月25日

第二节 项目前期工作评价

项目前期工作评价包括项目前期组织情况评价、可研报告审批情况评价和可研报告质量评价三部分。

一、前期组织情况

(一)项目储备情况

1. 项目储备管理模式

按照××公司《××公司生产技术改造工作管理规定》,项目储备经过两个阶段:可研阶段和储备阶段。项目可研评审由××市电力公司运检部委托××电力经济技术研究院组织,对项目可研的技术和技经部分分别评审,××电力经济技术研究院出具项目可研评审意见。项目可研批复由××市电力公司运检部根据评审意见下达可研批复。储备阶段包括储备项目录入和储备项目审批。

2. 项目储备情况

××市电力公司××分公司以项目储备的形式上报××电力公司。该项目于2017年9月13日经××市电力公司运检部以《××电力关于××公司35 kV××站35 kV和10 kV开关柜改造等项目可研的批复》(××运检〔2017〕51号)文件形式批复该项目纳入2018年度生产技改大修项目储备库。

3. 项目前期组织工作过程评价

该项目可行性研究报告的编制程序和内容基本符合可研编制与评审要求,客观真实地反映了现有设备实际情况、合理确定了改造工程的宏观、微观项目目标。

二、可研报告审批情况

该项目可研报告由××市电力公司于2017年9月13日下发的《××电力关于××公司35 kV××站35 kV和10 kV开关柜改造等项目可研的批复》(××运检〔2017〕51号)文件批复。该项目可研报告的批复手续文件齐全。

项目可研报告评审工作质量评价。

按照××公司及××市电力公司可研报告评审管理相关规定及惯例,该项目的可研评审工作由××市电力公司运检部委托××市电力经济技术研究院评审中心负责完成,本次后评价过程中未查阅到评审单位对该项目可研报告的评审提出具体意见,仅有结论性意见。

本次后评价认为,根据××市电力公司《××市电力公司固定资产投资管理办法》中的相关规定,对项目单位编制的项目建议书、项目可行性研究报告属重大项目的应根据有关规定委托有资质的社会咨询机构和专家进行评估论证。因此,企业投资决策阶段最关键环节应予以充分重视。

三、可研报告质量

该项目可行性研究报告由××电力设计院有限公司负责编制,报告编制日期为 2017 年 7 月 10 日。

结合该项目可研报告内容,该项目可研报告通篇都以叙述形式写明了编制依据、工程概况、项目必要性、技术方案、工程施工安排、投资估算、附图等内容。

同时,可研报告对项目技术方案进行论述和研究分析,从安全、效能、设备全寿命三方面对技术方案进行必选,最终选定技术方案并进行详细的论述。

该项目为企业投资、专项技术改造项目,主要建设内容为新设 110 kV 线路,新设双回电缆路径长约 0.68 km,电缆为 800 mm²,新设沟槽、排管、拉管敷设。同时拆除××70#、71#、72# 三基铁塔,拆除 N1~N2 现状导地线 0.49 km。

本次后评价认为:该报告主要内容不仅对工程建设的目的、必要性予以扼要描述、对项目建设内容、规模、投资构成也相应予以分配章节分段叙述,项目可行性研究报告,描述详尽,建设内容明确,技术方案详细清晰,基本达到《××有限公司生产技术改造和设备大修项目可研编制与审批管理规定》[××(运检/3)316-2018]文件规定的深度要求以及企业内投资决策需求。

第三节 项目实施管理评价

项目实施管理评价包括项目实施准备工作、项目实施过程管理和施工组织设计评价 3 部分内容。

一、项目实施准备工作

(一)项目初设管理评价

1. 设计单位资质

该项目设计单位为××电力设计院有限公司，具有国家发展和改革委员会颁发的"工程咨询甲级资格证书"、国家住房和城乡建设部颁发的"工程设计甲级资格证书"、"岩土工程(勘察)甲级资格证书"、"工程咨询单位甲级资格证书"、"工程造价咨询企业乙级资质证书"、"工程招标代理机构资质证书"，并具有固定资产投资项目节能评估资格。历经多年的积累与发展，××院已成长为实力雄厚、技术领先、专业齐全、设备精良、信息系统管理先进的电力勘测设计咨询企业，能够独立承担 1 000 kV 及以下电压等级送、变电工程设计；地区电网调度、通信工程设计；总承包及咨询业务；配套工程设计、工业与民用建筑设计及工程勘测设计咨询等服务。

2. 初步设计审批和批复情况

该项目以《××公司关于下发第二批输电"三跨"线路改造等 5 项工程初步设计审核意见的通知》(××运检〔2018〕5 号)进行初步设计批复，该项目初步设计的批复手续文件齐全。

该项目初步设计文件符合相关设计标准，设计文件完整，交付满足工期要求。设计采用经验成熟的技术、设备、材料，有效控制工程建设投资指标，设计质量良好，没有发生重大设计变更，设计评审程序符合规定的要求。

3. 初步设计质量

××电力设计院有限公司编制的初步设计文件由总说明、初步设计图纸、初步设计概算组成，设计主要内容为总体概况、建设规模和主要技术方案、工程概算等内容，见表 5-2。

本次后评价认为：该项目建设规模与可研报告基本一致，并按照当期招标价格计列主要材料价格，××公司 110 kV××线 70#~72#（××线××支线 37#~39#）跨越××高铁改造工程概算总投资 947.4 万元，控制在可研批复总投资 947.4 万元之内。

表 5-2　初步设计内容深度评价表

序号	内容要求	主要内容简述	是否达到深度规定及要求
1	设计依据	设计依据主要包括国家政策、法规；工程设计的规程、规范；可行性研究报告及批复文件；上级部门或业主单位对工程的特殊要求以及有关的技术协议书、会议纪要、设计合同或设计委托文件	达到
2	现状及项目实施必要性	包括项目的设备现状、改造原因及其期望达到的目标	达到
3	设计规模和设计范围	说明设计的规模和设计范围	达到
4	设计方案	阐述采取的技术方案、过渡方案等	达到
5	施工组织设计	阐述采取的施工组织方案等	达到
6	主要设备材料表	包括一、二次设备材料表	达到
7	项目概算书	编制项目的概算书	达到
8	技术经济特性	包括技术指标和经济指标	达到

(二)施工图设计

该项目施工图图纸出图时间为 2018 年 7 月,施工图图面质量合格、出图手续齐全、设计内容完备,已达到施工图设计深度的要求,完全具备用于指导施工的条件。该项目后评价认为,该项目施工图设计工作总体较好。

(三)采购招标情况

1. 采购招标实施

该项目的采购分为设计、施工、监理 3 项,其中设计采购采用公开招标的形式于 2018 年 4 月 16 日完成招标工作;施工采购采用公开招标的形式于 2018 年 5 月 23 日完成招标工作;监理采购采用公开招标的形式于 2018 年 3 月 26 日完成招标工作;本阶段各项采购工作都能够及时完成,为按时竣工投产创造了有利条件。

2. 采购招标结果

设计估算价为 585 206.00 元,中标价为 473 040.00 元,结余 112 166.00 元。

施工费估算价为 7 536 500.00 元,中标价为 4 118 640.00 元,结余 3 417 860.00。

监理费估算价为 157 938.00 元,中标价为 153 200.00 元,结余 4 738.00。

上述服务、施工中标价与估算价相比共计结余 3 534 764.00 元,采购结果满足项目实施管理的需要。合同均在中标通知书下发一个月内签订。

(四)施工组织设计

工程于 2018 年 9 月 26 日开工,2019 年 5 月 28 日竣工验收。施工单位编制的施工组织设计晚于开工日期(2019 年 3 月),未在规定时间内对针对施工组织、安全、技术方面编制相应措施,审批流程、措施内容不符合××相关规章制度要求,不满足施工需要。

在施工内容和施工进度方面,施工单位在施工组织设计中采取了进度保证措施,制定了施工进度控制方案、工期保证措施。

本次后评价未查阅工程停电计划,该项目为该项目为××线 70#~72#(××线××支线 37#~39#)跨越××高铁段入地,实施过程中无需停电。本次后评价不涉及对工程停电计划的评价。

后评价认为,该项目施工组织设计审批流程合规,编制内容、深度和时间不满足××公司、××市电力公司相关规章制度的要求,在工程实施过程中未起到统筹规划、重点控制的作用。

二、项目实施过程

(一)施工进度管控

该项目于 2018 年 9 月 26 日正式开工建设,2019 年 5 月 28 日完成全部工程建设,工程施工期为 244 天。

项目实施总进度为 2018 年 9 月至 2019 年 9 月(竣工投产日期为 2019 年 5 月 28 日),其中计划批复日期为 2018 年 2 月 11 日,施工图设计完成时间为 2018 年 7 月;工程开工为 2018 年 9 月 26 日;工程竣工验收 2019 年 5 月 28 日,投入运行时间为 2019 年 5 月 28 日;工程结算完成时间为 2019 年 6 月 20 日;竣工决算报告编制完成时间为 2019 年 9 月 25 日。

（二）质量管理

该项目制定的质量目标为工程一次投运成功，满足国家标准和行业标准及顾客要求。

在施工质量管理方面，施工单位编制施工组织设计，制定了质量控制措施、质量薄弱环节及预防措施，能够全面规范施工过程的质量控制、应对措施，本次后评价认为，施工单位在该工程施工期间能够做到严把质量关、措施有效、工序质量、过程质量均满足了施工质量控制的总体要求。

在竣工验收方面，本次后评价过程中查阅主要参建单位的验收记录文件、验收结论文件，认为该工程施工质量合格，无质量缺陷，达到了工程合格率100%的目标；整个工程建设期间未发生七级及以上工程质量事件；无工程试运行中断或延误投产的质量事故；输变电工程"标准工艺"应用率达到了100%；该工程于2019年5月28日验收通过、投入使用、顺利投产，实现了工程达标投产目标。

评价结论：该项目的实施在质量管理方面实现了工程施工质量合格、按时竣工投产的质量目标。

（三）安全控制

在安全管理方面，本次后评价工作重点查阅了工程档案资料，项目建设单位的安全管理方面、施工单位的安全管理等方面以及安全目标的实现方面分别予以评价。

1. 项目建设单位的安全管理

该项目建设单位在安全文明施工管理方面与施工单位及时签订了《发包、承包电气工程安全生产管理协议》，明确双方安全责任以及安全注意事项，安全生产管理协议周期覆盖项目施工工期。

（1）项目安全策划管理。

开工前，依据建设管理单位确定的项目安全管理总体目标，结合工程建设的实际特点，审批了施工单位编制的《施工安全管理及风险控制方案》，建立了项目安全管理制度、组织召开第一次安委会。

（2）项目安全风险管理。

组织监理及施工单位进行安全技术措施交底,收集、提供作业环境范围内可能影响施工安全地下管线、设施等相关资料,并提出保护措施要求;开工前,组织项目风险较低和风险点补勘,组织建立本项目固有施工安全风险清单;工程建设过程中,督促施工单位建立施工现场的危险点及预控措施警示牌,并根据工程进度情况,按施工阶段及时更新,实施风险动态管理,通过各级安全检查等活动,检查项目危险点辨识、风险控制措施落实情况。对重大危险源及重要风险时段,业主项目部相关人员须亲自到岗到位监督检查。

（3）项目安全文明施工管理。

负责核查现场安全文明施工开工条件,重点做好各参建单位相关人员的安全资格审查、安全管理人员到位情况检查;工程建设过程中,重点发挥监理的安全管控作用,通过隐患曝光、专项整治、奖励处罚等手段,促进参建单位做好现场安全文明施工管理,过程检查做好记录,作为对工程各参建单位考核评价的依据。

通过以上安全管理工作的开展,该项目在安全管理方面,建设单位发挥了较大作用,后评价认为,建设单位的安全管理符合项目管理的要求、符合××对企业安全生产管理的要求。

2. 监理单位的安全管理

监理单位在项目开工前审查了施工组织设计和施工安全管理及风险控制方案,审查了施工单位的安全保障体系,提出了监理意见,对各施工单位进行了安全交底并提出了监理要求。

在施工过程中,工程监理人员认真履行了安全监督职责,督促施工单位各项安全技术措施的实施,有效地保证了各项工程安全有序的开展。此外,监理公司定期和不定期组织施工安全检查,发现违章和安全事故隐患及时提出,督促整改。

通过对监理过程文件的查阅得知,监理人员认真履行了安全监督职责,督促施工单位各项安全技术措施的实施,有效地保证了各项工程安全有序的开展,该工程的监理单位在安全管理、监理方面总体管理较好。

3. 施工单位的安全管理

该项目施工单位××市××送变电工程有限公司与××市电力公司××分公司签署了《安全协议书》，并规定了双方的安全责任、制定了施工现场的安全、消防、治安等管理制度。

该项目的安全生产管理目标为："不发生六级及以上人身事件；不发生因工程建设引起的六级及以上电网及设备事件；不发生六级及以上施工机械设备事件；不发生火灾事故；不发生环境污染事件；不发生负主要责任的一般交通事故；不发生基建信息安全事件；不发生对公司造成影响的安全稳定事件。"

为了实现以上安全管理目标，施工单位在编制《项目管理规划》的前提下，重点编制了"三措一案"。在施工过程中严格执行发包方、监理方的有关安全施工的管理指令，同时，作为施工现场第一责任人，施工单位严把安全生产关口，在本次后评价过程中查阅的安全管理资料和工程档案文件中，未发现有关人身受伤、停电、火灾以及其他次生安全事故的发生，施工单位的安全管理，满足安全生产的要求，开工前制定的各项安全目标已实现。

后评价结论：通过对该项目归档的施工资料的查阅，未发现有关安全、消防、环境污染、职业健康等方面的事故发生，实现了无火灾、环境污染、运输车辆重大交通等事故和人身重大伤亡事故的安全控制目标。符合××市电力公司的有关安全生产等方面的规定。

(四)变更和签证

该工程项目由于施工期间进场道路及庄稼地不允许碾压，经参建单位协商，采取铺设铁板的方式，于2019年4月17日签订现场签证审批单。具体施工方式如下：

2019年4月16日至2019年4月29日，敷设铁板14天，共计465块。铁板采用租赁方式，由××市××电力工程有限公司供货。签证费用为355 100.00元。

(五)物资拆旧管理

表 5-3　拆旧物资情况表

设备类型	电压等级	设备型号	设备名称	投运日期	数量	计量单位	处理建议
双回路铁塔	110 kV	110JQ30G	#70 铁塔	1998/4/23	1	基	报废
双回路铁塔	110 kV	110JQ30G	#71 铁塔	1998/4/23	1	基	报废
双回路铁塔	110 kV	110JQ30G	#72 铁塔	1998/4/23	1	基	报废
导地线	110 kV	LGJ–300	#16-#17	1998/4/23	1	千米	报废

该项目的拆旧实际拆旧物资与科研方案一致,并按照规定对工程回收物进行鉴定、申请和审批程序,并形成退役资产移交明细,见表 5-3。

本次后评价认为,该项目物资拆旧处置流程规范,移交手续齐全。

(六)合同履约

1. 合同签订情况

表 5-4　合同签订情况

序号	合同签约单位	合同类别	主要内容	合同金额（元）	签订方式	中标日期	合同签订日期
1	××电力设计院有限公司	设计合同	全过程设计工作,工程初步设计、施工图设计、工地设计服务	473 040.00	招标	2018 年 4 月 16 日	2018 年 4 月 19 日
2	××市××送变电工程有限公司	施工合同	合同承包范围为图纸所示全部工程	4 081 535.00	招标	2018 年 5 月 23 日	2018 年 6 月 20 日
3	××电力工程监理有限公司	监理合同	工程监理	153 200.00	招标	2018 年 3 月 26 日	2018 年 4 月 19 日
4	××工程造价咨询有限公司	结算审核业务预定书	工程计算审核	20 594.00	比质比价	2018 年 10 月 24 日	2019 年 6 月 16 日

该项目通过招投标程序选定了项目的设计单位、施工单位、监理单位。并于中标通知书发出后 30 天内与相关单位签订书面合同。合同签订符合××公司及国家

相关规定要求。所选取的中标单位均具备招标文件要求的相应资质,具备承揽该项目相关任务的能力,见表5-4。

2. 合同履约情况

该项目的设计、施工、监理合同签订手续基本齐全,符合××市电力公司合同管理的规定。合同管理执行××公司相关规定,同时××分公司采用"××公司合同全过程管理业务应用系统"管理合同,合同管理手段到位。其中设计单位交付的初步设计文件、施工图文件、初设概算等文件齐全,初步设计内容、施工图设计内容达到项目需求的内容及深度,合同履约总体较好;施工单位完全适当的了履行双方签订的合同内容;监理合同的履约过程中,工程未验收,监理提前退场,于2018年11月编制监理工作总结。监理未履行监理义务,无法保证工程质量,监理合同未履约完整。

该项目依据国家相关法律法规、《××公司生产技术改造工作管理规定》[××(运检/3)157-2014],应委托监理。××市电力公司××供电分公司委托××电力工程监理有限公司负责监理。根据工程建设监理,成立××公司110 kV××线70#~72#(××线××支线37#~39#)跨越××高铁改造工程监理项目部,并执行总监理工程师负责制,代表××电力工程监理有限公司在现场执行《监理合同》规定的监理责任、权利和义务。监理部共配备监理人员5名,其中总监理工程师1名,专业监里工程师1名,安全监理工程师1名,监理员1名,信息资料员1名,造价员1名。

监理单位能够及时进驻项目现场,设立了组织机构;配置了质量、进度、造价、合同、信息等方面的专业控制人员;编写了监理规划与实施细则、监理月报、监理日记等;定期召开监理会议。但是监理日志编制流于形式,开工报审及报告无监理签字确认手续,并且工程未验收,监理提前退场,导致施工工程量、隐蔽工程验收单、工程验收申请表及竣工验收报告无监理验收,监理未履行监理义务,无法保证工程质量。

第四节 项目结决算和档案管理评价

项目结决算和档案管理评价包括项目竣工验收管理评价、项目结决算管理评价和项目档案管理评价3部分。

一、项目竣工验收管理

该项目自 2018 年 9 月 26 日开工，2019 年 5 月 26 日竣工验收，施工工期244 天。

依据《××公司生产技术改造和设备大修项目验收管理规定》[××(运检/4)318-2014]，分析该项目竣工验收管理，经查建设单位、运维单位、施工单位做了以下工作：

建设单位在工程完工前制定了工程预验收、验收计划，并就验收工作的开展结合施工进度召开了工程竣工验收动员会，部署了整个验收工作的分工、发电前准备工作、协调相关工区单位确认验收标准。

运维单位在验收管理方面，按照验收标准核实相关报告。

施工单位在验收管理方面，结合项目管理规划、施工过程文件、检验试验记录文件，严格执行了相关验收标准，是施工工程能够按计划如期实现预验收、验收工作。

监理单位在验收管理方面，未参与中间(隐蔽工程)验收、中间验收审核，《输变电设备项目竣工验收报告》无监理单位签章。

本次后评价工作查阅了工程的《工程竣工报告》《竣工验收交接证书》等相关验收文件，认为该工程项目的竣工验收工作总体较好，在计划工期内完成了工程竣工验收。

二、结决算管理评价

该项目未实施全口径结算，工程竣工验收日期为 2019 年 5 月 28 日，工程结算时间为 2019 年 6 月 20 日，由××工程造价咨询有限公司出具竣工结算审核报告。工程送审总金额 8 722 259.30 元，审减金额 1 813 046.74 元，审定金额

6 909 212.56 元。

该项目结算手续基本完备,结算办理流程符合《××公司生产技术改造项目竣工决算管理规定》[××(运检/4)319-2014]在项目竣工验收投运后 15 日(限上项目 20 日)内,编制完成项目竣工结算书,结算审核程序符合招标文件及合同条款等约定,工程结算审核意见表及结算书真实、有效。施工、设计、监理等单位结算均是在规定时间内完成。

二、决算转资管理

项目单位财务部门按照规定在项目竣工验收投运后 3 个月内,组织完成项目竣工决算报告的编制工作并于 2019 年 9 月 25 日完成竣工决算审核,竣工决算报告审核单位为××会计师事务所。竣工决算审核报告内容包括封面、《竣工决算审核报告》《竣工财务决算说明书》《项目竣工决算表》。

该项目实际完成总投资 6 917 169.57 元。抵扣增值税金额 689 477.87 元后,实际完成投资额 6 227 691.70 元。与概算相比,实际投资(含增值税)较概算资金 9 474 134.00 元比较,节余金额为 2 556 964.43 元,节余比率 26.99%。

该项目竣工决算报告主要内容符合《××公司生产技术改造项目竣工决算管理规定》[××(运检/4)319-2014]要求,项目单位财务部门按照规定在项目竣工验收投运后 3 个月内,组织完成项目竣工决算报告的编制工作。

本次后评认为,该项目竣工决算报告能够正确核定新增固定资产价值,符合《××公司生产技术改造项目竣工决算管理办法》(××生〔2010〕1761 号)的相关规定。

三、项目档案管理评价

通过对该工程项目已归档的工程档案资料的查阅对比,后评价认为,××公司在工程档案管理方面主要执行了《××公司生产技改大修档案管理规定》[××(运检/3)918-2018]文件,该工程档案文件的收集、整理、归档工作基本满足工程项目管理需要,文档内容字迹清晰、图标简洁,能够真实、全面反映工程建设期间的全貌,但存在部分主要文件归档不齐全、监理公司相关文档缺失、文件签字手续不齐全等问题,如施工招标过程文件未归档(仅有中标通知书归档),见表 5-5、表 5-6。

表 5–5　项目建设单位文件

序号	名称	数量	备注
建设单位文件			
1	项目可研	1	××公司 110 kV××线 70#~72#(××线××支线 37#~39#)跨越××高铁改造可行性研究报告
2	可研批复	1	××运检〔2017〕51 号
3	综合计划	1	××发展〔2018〕12 号
4	项目初设	1	初步设计说明书
5	初设批复	1	××运检〔2018〕5 号
6	施工图纸	3	施工图纸
7	服务合同	4	设计合同、施工合同、监理合同、物资合同
8	三措一案	5	施组、特殊施工技术方案、管理体系、安全文明施工二次策划、施工应急预案
9	图纸方案审查纪要	0	无
10	开工报告	2	工程开工报审表、开工报告
11	工程量签证	2	现场签证审批单、工程量确认单
12	设计变更	0	项目无设计变更
13	竣工验收申请	1	竣工验收报告
14	竣工验收报告	1	竣工报告
15	竣工结算报告	1	竣工结算报告
16	结算审计意见	1	结算审计意见
17	物资拆旧清单和移交手续	0	生产技术改造项目拟拆除设备清单
18	竣工图纸	1	竣工图纸

表 5–6　项目施工单位文件

序号	名称	数量	备注
施工单位文件			
1	项目管理规划	1	施工组织设计
2	项目管理规划审批表	1	项目管理规划审批表

续表

序号	名称	数量	备注
3	安全措施方案	1	施工安全管理及风险控制方案
4	技术措施方案	1	技术措施方案
5	组织措施方案	1	组织措施方案
6	应急预案	1	应急预案
7	开工报审表	1	开工报审表
8	设备进场报审	0	无
9	开箱申请	0	无
10	施工质量评定验收及评定范围划分报审	0	无
11	分项工程质量评定表	0	无
12	检测报告	1	试验报告
13	工程竣工报告	1	竣工报告

第五节 项目投资控制评价

该项目可研估算批复金额 947.4 万元,投资计划批复资金 947.4 万元,初设概算批复金额 947.4 万元,竣工决算金额为 691.72 万元,抵扣增值税金额 68.95 万元后竣工决算金额为 622.77 万元,见表 5-7。

一、概算与估算对比评价

根据提供的××电力设计院有限公司出具的可研报告费用说明,确认本工程估算投资 9 474 134.00 元,概算金额 9 474 134.00 元,较估算资金节余投资 0 元,结余率为 0.00%。具体情况见表 5-8。

通过上表分析,本次评价概算与投资估算金额一致。

后评价工作认为:该项目可研估算编制质量良好,概算与估算规模上不存在偏差。

表 5-7　项目全过程造价对比表　　　　　　单位:元

项目	可研估算	初设概算	竣工结算	竣工决算
总投资	9 474 000.00	9 474 000.00	6 220 102.39	6 227 691.70
拆除工程费	57 000.00	57 600.00	0.00	0.00
建筑工程费	2 865 400.00	2 516 800.00	1 646 961.82	1 646 961.82
安装工程费	1 590 200.00	1 583 200.00	1 962 291.93	3 551 820.30
设备购置费	3 024 000.00	3 116 200.00	1 771 266.57	181 738.20
其他费用	1 937 600.00	1 954 144.00	839 582.07	847 171.38

表 5-8　概算与估算情况对比表

	工程或费用名称	估算金额(元)	概算金额(元)	增减额(元)	增减比率(%)
1	拆除工程	57 000.00	57 000.00	0.00	0.00
2	建筑工程	2 865 400.00	2 865 400.00	0.00	0.00
3	设备购置	3 024 000.00	3 024 000.00	0.00	0.00
4	安装工程	1 590 200.00	1 590 200.00	0.00	0.00
5	其他费用	1 937 598.00	1 937 598.00	0.00	0.00
5.1	建设场地租用及清理费	989 156.00	989 156.00	0.00	0.00
5.1.1	塔基永久占地	74 000.00	74 000.00	0.00	0.00
5.1.2	施工临时场地租用费	64 000.00	64 000.00	0.00	0.00
5.1.3	青苗赔偿	35 156.00	35 156.00	0.00	0.00
5.1.4	水沟明开	160 000.00	160 000.00	0.00	0.00
5.1.5	杨树砍伐	56 000.00	56 000.00	0.00	0.00
5.1.6	跨越高铁	600 000.00	600 000.00	0.00	0.00
5.2	项目管理费	176 439.00	176 439.00	0.00	0.00
5.2.1	招标费	18 502.00	18 502.00	0.00	0.00
5.2.2	工程监理费	157 938.00	157 938.00	0.00	0.00
5.3	项目技术服务费	756 603.00	756 603.00	0.00	0.00
5.3.1	工程勘察设计费	745 322.00	745 322.00	0.00	0.00

续表

	工程或费用名称	估算金额(元)	概算金额(元)	增减额(元)	增减比率(%)
5.3.1.1	勘察费	160 116.00	160 116.00	0.00	0.00
5.3.1.2	设计费	585 206.00	585 206.00	0.00	0.00
5.3.2	工程结算编制审查费	11 282.00	11 282.00	0.00	0.00
5.4	桩基检测费	15 400.00	15 400.00	0.00	0.00
	合　计	9 474 198.00	9 474 198.00	0.00	0.00

二、决算与概算对比评价

根据提供的××电力设计院有限公司出具的该项目的概算书,确认该项目概算含税投资 9 474 134.00 元。工程实际完成总投资 6 227 691.70 元,增值税抵扣金额 689 477.87 元,含增值税同口径较概算金额 9 227 826.00 元比较,节余金额为 2 556 964.43 元,节余比率 26.99%。具体情况见表 5-9。

表 5-9　决算与概算情况对比分析表

费用项目	概算金额(元)	决算金额(元)	抵扣增值税额(元)	超(节)支金额(元)	超(节)支率(%)
建筑工程支出	2 865 355.00	1 646 961.82	164 696.18	−1 053 697.00	−36.77
安装工程支出	1 647 158.00	3 551 820.30	468 060.95	2 372 723.25	144.05
设备购置	3 024 021.00	181 738.20	29 078.11	−2 813 204.69	−93.03
其他费用	1 937 600.00	847 171.38	27 642.63	−1 062 785.99	−54.85
合计	9 474 134.00	6 227 691.70	689 477.87	−2 556 964.43	−26.99

本次评价对于投资结余资金构成和结余原因分析如下:

(1)建筑工程支出节余金额为 1 053 697.00 元,节余比率为 36.77%,主要原因为实际工程量较计划减少。

(2)安装工程支出超支金额为 2 372 723.25 元,超支比率为 144.05%,主要原因为实际工程量较计划增加。

(3)设备购置节余金额为 2 813 204.69 元,节余比率为 93.03%,主要原因为设备价格较计划降低。

(4)其他费用节余金额 1 062 785.99 元,节余比率为 54.85%,主要原因为钻越高铁较计划节余 215 000.00 元、工程监理费较计划节余 18 195.00 元、工程勘察设计费较计划节余 424 209.00 元;塔基永久占地概算金额 74 000.00 元、施工场地租用费概算金额 64 000.00 元、水沟明开概算金额 160 000.00 元、杨树砍伐概算金额 56 000.00 元,实际未发生。

本次后评价认为:建设单位对该项目的施工、建设单位对该项目的施工实施了比质比价评议、设备采购实施了公开招标,同时建立完善的合同签订、审核程序,能够通过合同手段落实造价控制措施。但在项目建设过程中,建设单位在决策、设计阶段项目整体实施难度、影响因素考虑不足,尤其对后期涉及的外协、土地赔偿问题考虑不周全,导致项目估算与决算偏差较大,实际项目投资超工程概算金额,未严格履行技术评审与造价评估工作,造价控制工作仅落实在施工阶段、结算阶段、决算阶段。

后评价认为该项目投资控制管理工作不到位,未达到预期目的。

第六节　项目运营绩效评价

项目运行绩效后评价包括运行效益评价、社会效益评价、环境影响评价 3 部分。

一、运行效益评价

(一)安全评价

1. 设备事件、电网事件运行安全评价

改造前架空线路在遭遇极端寒冷、大风天气时造成的覆冰、舞动情况均对××高铁具有一定安全隐患,若线路故障,发生倒塔、断线等情况,将影响高速铁路正常运行,造成很大影响,甚至发生重大安全事故。

经查阅××市电力公司 PMS 系统数据,2019 年 5 月 28 日投运以来,至今未发生电缆终端爆炸、起火火灾事故、人身伤亡、误操作事故和故障等,故障停运次数为 0 次,非计划停运次数为 0 次,设备总体运行状况良好,改造后的电缆线路未进行过大修。

该项目已于 2019 年 5 月 28 日起投入使用,经运行维护单位定期巡检、维护,已现陷共计 10 处。

2. 设备事件、电网事件存在的安全生产风险评价

(1)项目安全风险概率分析。

根据项目可能发生的安全风险事件,评估风险发生的频次,累加得到项目安全风险概率。

该项目自投运以来设备运行情况稳定,未发生任何事故、故障等不安全现象。

(2)改造前后风险评价。

改造前风险评价:根据项目风险概率评估表和状态评价结果,确定风险发生概率处于高位,为 4 级,项目综合评估风险值为 16。

改造后风险评价:根据项目风险概率评估表和状态评价结果,确定风险发生概率处于极低位,为 1 级,该项目综合评估风险值为 1。

(3)设备安全风险评价结论。

通过对 110 kV××线 70#~72#(××线××支线 37#~39#)改造项目,增加了供电的可靠性。消除电网安全风险,消除了导致架空线路和故障电网停电隐患。

后评价认为在安全评价方面,现阶段结论为符合设计要求、功能需求,具有提升了电网可靠性的效果。

(二)效能评价

该项目主要建设内容为 110 kV××线 70#~72#(××线××支线 37#~39#)跨越××高铁改造项目,实施后线路路径、电压等级均不发生改变,更换后提升了输电系统的供电可靠性,保持了改造前的输电能力,保证了输电线路的稳定运行。

(三)效益评价(运检成本和运营收益)

该项目为技术改造项目,改造内容为 110 kV××线 70#~72#(××线××支线 37#~39#)跨越××高铁改造,实施后线路路径、电压等级均不发生改变,主要建设目标为防止跨越高速铁路发生倒塔、断线事故,而导致较大的公共安全和电网安全事件。在效益方面现阶段,主要评价内容为运检成本和运营收益 2 方面评价。

该项目建设内容为架空线路进行更换,实施后线路电压等级、输电量、路径均不发生改变,2017年至2018年与2019年至2020年运行状态分析,在项目投运前后一年内,从线损降低、供电量增加等方面分析,改造前后均未发生变化,相关因素未降低亦无无明显提升。

经评价该项目运检成本降低的和运营收益无变化,经济效益是可行的。

二、社会效益

(一)社会责任评价

该项目为技术改造项目,对××市区域电网及项目所在地电网的供电可靠性有提升,为防止跨越高速公路发生倒塔、断线事故,而导致较大的公共安全和电网安全事件,对××线70#~72#段改造入地;改造后,该线路在保障社会安全稳定和生产安全运行等方面的成效显著。同时××市电力公司在承担社会责任方面的积极影响和发挥了应有的作用。

因此,该项目的实施带来了应有的社会效益,同时也是供电企业也积极主动的承担了社会责任的体现。

(二)推动产业技术进步评价

该项目为生产技改项目,施工范围原线路路径、出线未变化,未涉及新施工工艺,新材料、新设备,采用的设备为常规设备,且施工工艺均为常规工艺,未涉及电力行业先进技术、国产设备、创新性技术,在提高电力行业技术水平、提升国产制造水平、推动其他行业技术进步等方面未发生变化。

在保障供电能力方面有较大贡献,大大提高了供电可靠性,充分保证该供电区域内居民和各类工业用户的可靠用电,使得电网整体的坚强程度上了一个新的台阶。

三、环境影响

本次后评价工作期间查阅了施工单位编制的施工组织设计及施工现场部分档案照片,该工程在施工过程中采取了环保措施,通过管理措施的实施,在整个施工安装期间,该改造项目对于施工期间的噪声、废水、扬尘、弃渣、生态影响的因素所采取的保护措施满足××市对施工现场环保管理的总体要求。

经该项目建设后对周围环境影响无变化,在环境影响方面各指标均符合控制标准。

该项目为该项目为××线 70#~72#(××线××支线 37#~39#)跨越××高铁段入地,未形成对气体、水土不利影响因素、噪声排放、工频电场指标均未变化,因此,该项目不需新建环保设施。

第七节　项目后评价结论

一、项目目标评价

该项目以企业安全生产为基础、以促进城市区域电网建设为根本,是推动技术进步、经济发展、降低企业生产运营综合成本的技改项目。因此,该项目决策正确,项目建设目标明确。决策程序基本合理,在可研报告的编制和评估方面应予以充分重视,尤其是可行性研究报告的编制深度应达到国家、电力行业对固定资产投资管理的要求。

本报告将项目目标实现程度分为实现(A)、基本实现(B)、部分实现(C)和未实现(D)4 个等级,并采用专家打分法进行评价,本项目评价为 A。

目标评价结果表明,该项目实现了预期的宏观目标和项目目标。

二、项目成功度评价

根据该项目的特点,将分别从宏观及具体目标、立项决策与建设过程、运行效果、社会经济效益及影响等几个方面,通过综合评定,后评价小组及专家组提出对本建设项目成功度的评价结论为 A。

该项目成功度的总体评价结论为"成功"。

三、项目管理全过程评分

该项目前期阶段,关于项目建设的必要性论述及立项依据充分、流程规范。因此,在项目前期工作评价中扣除 0 分,得分为 14 分。

该项目实施准备阶段,初步设计文件、施工组织方案内容完整、流程规范、文件质量良好,施工图纸交付时间合理,满足物资采购、调拨、施工进度的需要;招标采购过程中,符合规范要求。因此在项目实施准备评价中扣除 0 分,得分为 19 分。

该项目实施阶段,工程监理合同未完全履行,监理履职不到位。因此在项目实施过程评价中扣除 4 分,得分为 28 分。

该项目结决算管理方面,结、决算手续完备,办理流程及内容符合《××公司生产技术改造项目竣工决算管理规定》等规章制度要求。因此,在结决算管理评价中扣除 0 分,得分为 10 分。

该项目档案管理方面,存在部分文件归档不齐全、文件签字手续不齐全等问题。因此在档案管理评价中扣除 2 分,得分为 3 分。

该项目投资控制方面,该项目投资控制管理工作不到位,未达到预期目的。因此,在项目投资控制评价中扣除 20 分,得分为 0 分。

故该项目管理全过程管理评分 73 分。

四、总结

(一)前期工作评价

该项目前期工作程序符合相关规定,申请、审批等文件存档及时、完整。可研和初设方案切实可行,内容及深度基本满足要求。

(二)工程建设评价

××公司根据上级公司相关工作管理办法的要求,加强了对该项目实施的组织领导,基本能够做到认真组织项目实施,严格控制费用支出,加强项目全过程管理。建设期内未有重大问题、安全事故发生的情形。

(三)档案管理

在档案管理方面存在部分主要文件归档不齐全、文件签字手续不齐全。

(四)监理管理

在监理管理方面,监理单位未对该项目施工全过程的安全、质量、进度、验收等方面进行有效的监督管理,监理履职不到位,不满足国家工程施工规范性要求。

(五)项目运行情况评价

经查阅××市电力公司 PMS 系统数据,2019 年 5 月 28 日投运以来,至今未发生电缆终端爆炸、起火火灾事故、人身伤亡、误操作事故和故障等,故障停运次数为 0 次,非计划停运次数为 0 次,设备总体运行状况良好,改造后的电缆线路未进行过大修。

该项目已于 2019 年 5 月 28 日起投入使用,经运行维护单位定期巡检、维护,已发现缺陷共计 10 处。

(六)项目效益评价

该项目建设内容为××线 70#~72#(××线××支线 37#~39#)跨越××高铁段入地。项目实施后,线路运行风险和电网方式风险大幅降低,线路故障几率下降,停电检修时间减少,售电量增加,大大提高供电可靠性,充分保证该供电区域内居民和各类工业用户的可靠用电,使得电网整体的坚强程度上了一个新的台阶。

(七)措施和建议

××分公司 110 kV××线 70#~72#(××线××支线 37#~39#)跨越××高铁改造项目的整个工程建设,通过各参建单位精心组织,真正体现了"工程管理更加规范,设计方案更加优化,施工工艺更加精细,运行维护更加方便"。在各参建单位的共同配合下,虽然取得了成绩,但实际建设过程中,仍然还有不断完善和改进之处,现提出以下工作建议:

(1)建议加强前期工作管理,做好可研编制及可研评审工作,以保证前期工作质量,为项目决策以及后续工作开展提供更可靠的依据。

(2)加强项目实施过程管理工作,使各参建单位能够发挥应有的作用。

(3)加强工程资料管理,工程组织部门督促各施工单位提高档案管理意识,应确保各自提供资料的真实、有效、完整和齐全。对于未及时归档的工程资料应尽快收集、整理,及时归档。

(4)该工程建设应加强对监理单位的管理,应使监理在施工过程中对工程的安全、质量、工期等方面的进行有效的监督,有效保证工程质量。

第六章　配网技改项目后评价实例

第一节　项目概况

一、项目情况

本次项目后评价的对象为由××市电力公司负责建设的，由××市电力公司××供电分公司负责项目实施的"××供电公司 110 kV××变电站 10 kV××线路××村等台区综合改造项目"。如无特殊说明,本报告所指工程项目均为"××供电公司 110 kV××变电站 10 kV××线路××村等台区综合改造项目"。

该项目属于在原运行架空线路规模上的改建项目,项目实施单位为××市电力公司××供电分公司,项目开工时间为 2015 年 12 月 10 日,竣工时间为 2016 年 11 月 29 日,计划总投资 796 万元。

主要建设规模:在 110 kV××变电站 10 kV××线××等村低压线路,改造台区 0.4 kV 线路 44 km,接户线改造 7 km。总投资 796 万元,其中建筑工程费 125.68 万元, 设备购置费 342.36 万元, 安装工程费 247.01 万元, 其他费用 80.84 万元。

项目参建单位:该项目的实施单位为××市电力公司××供电分公司。主要参建单位:施工总承包单位为××市××电力有限公司,监理单位为××电力工程监理有限公司,设计单位为××工程设计有限公司。

二、项目决策要点

(一)项目宏观目标

加快低压电网建设进度,完善配电网络结构,彻底解决低压配电网供电能力不足的问题,提高供电可靠率及供电质量,基本做到末端电压符合供电要求。满足农村需求。

(二)项目具体目标

过线路改造完善网架结构,增加新的线路转移原有线路负荷,提高线路负载能力,进行线路的绝缘化改造,以满足未来 5~10 年的用电需求,保障配电线路的安全性、可靠性,改造实现后将使该地区配电网得以强化,符合当前电网发展形势。

(三)项目进度目标

项目计划建设年限为 2015 年至 2016 年,施工阶段计划开竣工时间为 2016 年 5 月 25 日至 2016 年 8 月 25 日,总工期 92 天。

(四)项目投资情况

该项目计划投资金额为 796 万元。该项目计划批复金额 796 万元,决算金额为 770.63 万元。所需资金全部由××市电力公司自筹。

该项目由××市电力公司××供电分公司(以下简称为××供电分公司)财务部自行编制《竣工决算报告》,根据该项目《竣工决算报告》,截至 2019 年 7 月 29 日,项目实际完成投资 770.63 万元,不含税总投资 714.69 万元,其中安装费用 3 636 182.53 元,设备购置费用 3 292 089.56 元,其他费用 218 676.88 元(工程建设其他费用包括工程监理费 73 113.21 元,工程设计费 118 530.19 元,其他 27 033.48 元),抵扣增值税金额 559 398.69 元。

(五)项目执行情况

1. 项目前期准备阶段

项目可研批复时间:2015 年 2 月 25 日。

项目计划批复时间:2015 年 5 月 5 日。

施工总包招标完成时间:2015 年 12 月 4 日。

2. 施工阶段

项目实际工期:2015 年 12 月 10 日至 2016 年 11 月 29 日。

施工准备:2015 年 12 月 8 日至 2015 年 12 月 10 日。

工程开工:2015 年 12 月 10 日。

工程初步验收：2016 年 11 月 29 日。

3. 竣工验收阶段

竣工验收、投入运行：2016 年 11 月 29 日。

结算完成时间：2017 年 12 月 19 日。

竣工决算报告编制完成时间：2019 年 7 月 29 日。

项目总进度：2015 年 1 月 1 日至 2019 年 7 月 29 日。

（六）项目设备运行情况

该项目已于 2016 年 11 月 29 日起投入使用，经运行维护单位定期巡检、维护，已投运设备、设施运行状态良好。经查阅××市电力公司 PMS 系统数据，2016 年 11 月 29 日投运以来，改造后的 110 kV××变电站 10 kV××线××等村低压线路发生接地故障停运次数为 12 次，非计划停运次数为 12 次，未发生其他断电、负荷超载等故障，设备总体运行状况良好，改造后的低压线路未进行过大修，至 2019 年 9 月后评价基准时日，共发生缺陷 13 项。

（七）项目关键节点进度评价

该项目自项目可行性研究报告编制至竣工投产运行，执行了上级单位批复的项目里程碑计划，自计划批复后，每一重点、关键节点都能够基本完成计划时间，总体进度较好，各类成果文件、批复文件齐全，但存在施工图及施工图预算文件出具时间早于设计中标时间，结、决、算办理不及时的问题。

第二节　项目前期工作评价

项目前期工作评价包括项目前期组织情况评价、可研报告审批情况评价和可研报告质量评价 3 部分。

一、前期组织情况

（一）项目储备情况

1. 实施改造前的现状

110 kV××变电站 10 kV××线××等村配变台区低压干线导线线径 LGJ–50、老旧程度高、运行年限 12 年以上,负载率 90%、末梢电压最低 177 V,难以对村负荷增长提供服务,需进行架空线路综合改造。

2. 项目储备管理模式

按照××公司《××公司生产技术改造工作管理规定》,项目储备经过 2 个阶段:可研阶段和储备阶段。

3. 项目储备情况

本工程属于当地政府"十一五"社会经济发展总体规划的一部分。依据《××市电力公司电网改造技术原则》、《××市电力公司 10 kV 及以下配电网设备改造技术要求》、××市电力公司 10 kV 及以下配电网工程典型设计(2014 年版)等相关规定,通过线路改造完善网架结构,增加新的线路转移原有线路负荷,提高线路负载能力,进行线路的绝缘化改造,以满足未来 5~10 年的用电需求,保障配电线路的安全性、可靠性,改造实现后将使该地区配电网得以强化,符合当前电网发展形势。

(二)前期工作过程评价

该项目可行性研究报告由××市电力公司××供电分公司 (以下简称为××供电分公司)委托××工程设计有限公司负责编制。××供电分公司依据技改项目储备计划实施项目可研工作的,在可研工作开展前,××供电分公司收集了有关低压配电线路综合改造的相关数据、资料,在先期改造项目完工的基础上,部署、实施项目前期工作的,同时××工程设计有限公司在以前年度先后负责编制了同类改造工程项目的可研报告,数据积累相当丰富。

该项目可行性研究报告的编制程序和内容基本符合可研编制与评审要求,客观真实地反映了原低压配电线路实际情况、合理确定了改造工程的宏观、微观项目目标。

二、可研报告审批情况

(一)项目可研报告评审过程评价

该项目可研评审意见由××经研院于 2015 年 1 月 30 日通过《××经研院关于上报××公司配电专业低电压治理储备项目评审意见的报告》文件出具。

该项目可研报告由××市电力公司于 2015 年 2 月 25 日下达的《××市电力公司关于××公司等配电专业低电压治理储备项目评审意见的批复》文件批复。该项目可研报告的批复手续文件齐全。

(二)项目可研报告评审工作质量评价

按照××公司及××市电力公司可研报告评审管理相关规定及惯例,该项目的可研评审工作由××市电力公司运检部委托××市电力公司电力经济研究院评审中心负责完成,本次后评价过程中查阅到评审单位对该项目可研报告的评审提出具体意见、结论性意见,评审工作总体较好。

后评价认为,本项目可行性研究报告的评审是企业投资决策关键环节,此项工作的开展符合××公司对技术改造项目的管理要求。

三、可研报告质量

该项目可行性研究报告由××工程设计有限公司负责编制,报告编制日期为 2015 年 1 月 1 日。

结合该项目可研报告内容,该项目可研报告通篇写明了编制依据、工程现状、改造方案、项目涉及的拟拆除设备、主要设备材料清册、工程实施安排等内容。叙述结论较多、研究过程较少,未完全达到《生产技术改造和生产设备大修项目可行性研究内容深度规定》文件规定的深度要求。该项目可研报告编制深度方面除了现有的主要内容以外,未包括以下内容:

(1)对于项目建设资金筹措、来源及建设工期目标、经济、社会效益分析,未予以论述;

(2)项目技术方案,报告未对项目技术方案实质性内容进行论述和研究分析,缺少技术实施方案等方面的论述;

(3)缺少图纸资料等部分内容。

(4)相关资产信息数据不完整,拟拆除物资信息不具体,无鉴定意见。

本次后评价认为:该报告主要内容不仅对工程建设的目的、必要性予以扼要描述、对项目建设内容、规模、投资构成也相应予以分配章节分段叙述,项目可行性研究报告,描述详尽,建设内容明确,但未包括项目建设资金筹措、来源,及建设工期目标、经济、社会效益分析等内容。

该项目的可研报告框架结构基本完整,内容比较充实全面,包括了规定要求的工程概述、项目必要性、项目技术方案、工程实施安排等内容,总体质量符合《××公司生产技术改造和设备大修项目可研编制与评审管理规定》的要求。

但该可研报告除现有内容外,还应包括项目建设资金筹措、来源,及建设工期目标、经济、社会效益分析等内容。建设单位应在今后的企业投资项目决策阶段重视可研报告的编制工作、强化可研报告评审制度。

第三节 项目实施管理评价

项目实施管理评价包括项目实施准备工作、项目实施过程管理和施工组织设计评价三部分内容。

一、项目实施准备工作

(一)项目初设管理评价

1. 设计单位资质评价

该工程项目设计单位为××工程设计有限公司,现为中国电力规划设计协会会员单位,拥有建筑工程设计资质(甲级)、电力工程(新能源发电、送电、变电)设计资质(乙级)、市政工程(给水、排水、热力、道路)设计资质(乙级)、岩土工程勘察(乙级)、工程造价咨询资质(乙级)、工程咨询资质(乙级)和城乡规划编制资质(丙级)、电力工程施工总承包三级资质。此外,该公司通过国家高新技术企业认证,并取得由英国劳氏质量认证公司认证通过的 ISO9001、ISO14001 和 OHSAS18001(质量、环境和职业健康安全)管理体系证书。设计单位资质满足设计工作需求。

2. 初步设计主要内容及与可研报告建设内容差异

该项目未委托设计单位实施工程初步设计,本次后评价对该项目的初步设计主要内容不予评价。

3. 初步设计质量

该项目无初步设计文件。

本次后评价认为,该项目未实施初步设计,不符合《国务院办公厅关于加强基础设施工程质量管理的通知》(国办发〔1999〕16号)的"四、精心勘察设计(十四)工程建设要坚持先勘查、后设计、再施工的原则。严禁搞边勘察、边设计、边施工的三边工程"以及《国家计委关于重申严格执行基本建设程序和审批规定的通知》(计投资〔1999〕693号)"一、严格执行基本建设程序。尤其是在建设项目前期工作阶段,必须按照现行建设程序执行。现行基本建设前期工作程序包括项目建议书、可行性研究报告、初步设计等工作环节。完成上一环节工作后方可转入下一环节"的规定,同时也不符合《××公司生产技术改造工作管理规定》的相关规定。

(二)施工图设计

该项目施工图图纸出图时间为2015年10月,施工图图面质量合格、出图手续齐全、设计内容完备,已达到施工图设计深度的要求,完全具备用于指导施工的条件。

本次后评价认为:设计图纸的交付是影响项目按计划实施的关键因素之一,是保证该项目建设计划顺利实施的前提之一。该项目施工图纸的交付时间满足物资采购、调拨、施工进度需要,符合《××公司生产技术改造工作管理规定》[××(运检/3)157-2014]等相关规定的要求。

(三)竣工图编制

该项目已出具竣工图图纸并加盖竣工图章,竣工图章中无编制单位、施工单位技术负责人签字及审核日期、监理审核日期,出图手续不齐全;竣工图内容无竣工图总说明、编制原则、电杆组装图、拉线组装图等部分,仅提供改造线路平面图,图纸内容不完整。不满足竣工图纸的编制要求。

本次后评价认为:该项目竣工图纸编制工作不到位,不符合××市电力公司相关规章制度的要求。竣工图纸的编制是工程建设中一个重要环节,也是贯彻全过程的一项持续性的基础工作。应准确、清楚、完整、规范地完成竣工图纸的编制,真实反映竣工验收时的实际情况,保证图纸质量。

（四）招标采购情况

1. 招标采购实施

该项目的采购分为设计、监理、施工等项，其中设计采购采用公开招标的形式于 2015 年 11 月 2 日完成招标工作；监理采购采用公开招标的形式于 2015 年 12 月 4 日完成招标工作；施工采购采用公开招标的形式于 2015 年 12 月 4 日完成招标工作；本阶段各项采购工作都能够及时完成，为按时竣工投产创造了有利条件。该工程甲供物资由物资公司统一采购，乙供物资由施工单位采购。

该项目施工图图纸出图时间为 2015 年 10 月，工程于 2015 年 12 月 10 日开工。

本次后评价认为：该项目施工图纸出具时间早于设计招标时间，工程开工时间早于施工招标时间，存在先实施后补招标情况。在查阅相关物资时发现建设点位将应由甲方采购的电缆保护管、塑铜线等物资交由乙方采购，不符合物资管理规定要求。

2. 招标采购结果

服务采购包括设计、监理，设计可研估算价为 215 838.00 元，中标价为 125 642.00 元，结余 90 195.61 元；监理可研估算价为 95 036.00 元，中标价为 77 500.00 元，结余 17 535.75 元。

施工费可研估算价为 3 726 892.16 元，中标价为 3 157 113.00 元，结余 569 779.16 元。

上述服务、施工中标价与可研估算价相比共计结余 677 510.52 元，采购结果满足项目实施管理的需要。合同均在中标通知书下发一个月内签订。

（五）施工组织设计

工程于 2015 年 12 月 10 日开工，2016 年 11 月 29 日初步验收。在此期间，施工单位针对施工组织、安全、技术方面编制了相应措施，措施内容符合××相关规章制度要求，满足施工需要，但缺少相关审批手续。在施工内容和施工进度方面，施工组织设计采取了进度保证措施，制定了施工进度控制方案、工期保证措施。

本次后评价查阅了工程停电施工方案，但方案内容未明确停电时间与停电范围,停电方案编制工作不到位,未能对施工关键时间节点起到指导作用。

后评价认为:该项目施工组织设计内容基本符合××市电力公司相关规章制度的要求,但缺少对组织措施、安全措施、技术措施和施工进度计划的审批手续,审批流程不合规,且停电施工方案编制内容不满足施工进度需要,停电方案编制、审查工作不到位。

二、项目实施过程

（一）施工进度管控

该项目使用横道图进行了施工进度计划编制,计划于 2015 年 12 月 10 日开工建设,2016 年 8 月 25 日完成全部工程建设,计划工期共为 259 天;实际工程建设工期为 2015 年 12 月 10 日至 2016 年 11 月 29 日,共为 355 天,超出计划工期 96 天。项目实施过程中发生了 2 次设计变更,增加了电缆护管支架、电缆保护管、绝缘导线、电杆、塑铜线等工程量,但未查阅到与工期变更相关的报审、审批手续。

此外,施工进度计划工期与合同约定工期 2016 年 5 月 25 日至 2016 年 8 月 25 日(共 92 天)不符,未查阅到关于调整合同约定工期的补充协议,进度计划未按合同规定的工期要求进行编制。

本次后评价认为,该项目实际执行情况与施工计划进度存在较大差异,施工进度管控措施落实不到位,未能及时发现实施过程中的偏差并采取有效措施、调整工程建设施工进度计划;同时,施工进度计划编制不合理,不满足合同约定工期的要求,未能保证施工的速度及成本。

（二）质量管理

本工程制定的质量目标主要包括以下内容:

（1）工程最终质量满足国家施工验收规范、优质工程标准,达到达标投产工程标准。

（2）竣工验收合格率 100%,以分项工程优良品率 100% 为目标,必保大于98%。

（3）保证自购材料的质量验收合格品率 100%。

（4）杜绝重大质量事故和质量管理事故。

为了评价以上目标的实现情况，本报告分别从监理、施工、验收三个方面的质量管理进行评价。

该项目委托了××电力工程监理有限公司对工程质量实施监理。

依据相关的施工过程资料及监理单位提供的监理过程文件资料，本次后评价仅查阅到监理单位提供存档的监理日志文件，无其余监理过程文件。监理单位在项目建设过程中能够严把进场主要计量器具/安全工器具关，对施工单位资质及人员到位情况进行了跟踪，对施工组织设计及专项应急预案进行了审查，对重点工序施工、隐蔽工程、工程重点建设部位均进行了验收；但对进度计划、项目"三措"、停电施工方案未进行审查，对施工单位的施工质量无适时检查和记录，在监理方面未能完全落实工程质量保证措施，监理单位过程文件资料缺失。

在施工质量管理方面，施工单位在开工前编制项目施工组织设计，制定了质量控制措施、关键工序的质量控制及保证技术措施，施工过程资料齐全、能够全面反映施工过程的质量控制、形成过程，本次后评价过程中查阅了施工单位的《工程作业指导书》《工程实际施工进度表》《中间（隐蔽工程）验收记录》《工程验收申请表》《配电设备竣工验收报告》《竣工报告》等施工过程文件，认为，施工单位在该项目施工期间能够做到严把质量关、措施有效、工序质量、过程质量均满足了施工质量控制的总体要求。

在竣工验收方面，本次后评价过程中查阅主要参建单位的验收申请文件、验收结论文件，认为该项目施工质量合格，无质量缺陷达到了工程合格率100%的目标；整个工程建设期间未发生七级及以上工程质量事件；无工程试运行中断或延误投产的质量事故；输变电工程"标准工艺"应用率达到了100%；该项目于2016年11月29日验收通过、投入使用，实现了工程达标投产目标。

本次后评价认为：该项目的实施在质量管理方面实现了工程施工质量合格、按时竣工投产的质量目标。

（三）安全控制

在安全管理方面，本次后评价工作重点查阅了工程档案资料，在建设单位的安全管理方面、监理单位、施工单位的安全管理等方面以及安全目标的实现方面分别予以评价。

1. 建设单位的安全管理

在停电安全管理方面,××供电分公司制定了施工安全运行方案,同时施工单位编制了停电施工方案。

(1)项目安全策划管理。

开工前,依据建设管理单位确定的项目安全管理总体目标,结合工程建设的实际特点,审批了施工项目部编制的《工程专项应急预案》及《项目三措(组织、技术、安全措施)方案》、建立了项目安全管理制度、组织召开第一次安委会。

(2)项目安全风险管理。

该项目建设单位在安全文明施工管理方面与施工单位及时签订了《承发包工程安全文明施工协议》,明确双方安全责任以及安全注意事项,并提出保护措施要求;开工前,组织开展危险源分析,监督检查监理和施工单位危险点辨识及控制措施的具体落实情况;工程建设过程中,督促施工单位建立施工现场的危险点及预控措施警示牌,并根据工程进度情况,按施工阶段及时更新,实施风险动态管理;在建设过程中,通过各级安全检查等活动,检查项目危险点辨识、风险控制措施落实情况。对重大危险源及重要风险时段,业主项目部相关人员须亲自到岗到位监督检查。

(3)项目安全文明施工管理。

负责核查现场安全文明施工开工条件,重点做好各参建单位相关人员的安全资格审查、安全管理人员到位情况检查;工程建设过程中,重点发挥监理的安全管控作用,通过隐患曝光、专项整治、奖励处罚等手段,促进参建单位做好现场安全文明施工管理,过程检查做好记录,作为对工程各参建单位考核评价的依据。

通过以上安全管理工作的开展,该项目在安全管理方面,建设单位发挥了较大作用,后评价认为,建设单位的安全管理符合项目管理的要求、符合××对企业安全生产管理的要求。

2. 监理单位的安全管理

监理单位在项目开工前审查了施工组织设计和工程专项应急预案,审查施工单位的安全保障体系,但未对施工单位进行安全交底、未提出监理要求。

在施工过程中,无任何文件载明工程监理人员认真履行安全监督职责(仅审查了施工组织设计和工程专项应急预案,审查施工单位的安全保障体系),监理单位安全监督不到位。

通过以上对监理过程文件的查阅得知,该工程的监理单位在安全管理、监理方面总体管理较差,后评价认为,监理单位对施工过程安全的监理不满足项目安全管理要求。

3. 施工单位的安全管理

该项目施工单位××市××电力有限公司与××市电力公司××供电分公司签署了《承发包工程安全文明施工协议》,并规定了双方的安全责任、制定了施工现场的安全、消防、治安等管理制度。

该项目的安全生产管理目标为:"不发生六级以上人身、电网和设备事件;不发生负同等及以上责任的一般交通事故;不发生火灾事故;不发生环境污染事件;不发生违反治安条例的事件;不发生有较大社会影响的安全事件。"

为了实现以上安全管理目标,施工单位在编制《施工组织设计》的前提下,重点编制了"三措一案"。在施工过程中严格执行发包方、监理方的有关安全施工的管理指令,同时,作为施工现场第一责任人,施工单位严把安全生产关口,在本次后评价过程中查阅的安全管理资料和工程档案文件中,未发现有关人身受伤、停电、火灾以及其他次生安全事故的发生,施工单位的安全管理,满足安全生产的要求,开工前制定的各项安全目标已实现。

4. 后评价结论

通过对该项目归档的施工资料的查阅,未发现有关安全、消防、环境污染、职业健康等方面的事故发生,实现了无火灾、环境污染、运输车辆重大交通等事故和人身重大伤亡事故的安全控制目标。符合××市电力公司的有关安全生产等方面的规定。

（四）变更和签证

经查归档资料，该项目施工图纸计划工作范围与实际完成工作存在较大差异，共发生 2 次设计变更。变更内容具体如下：

变更一，由设计单位××工程设计有限公司于 2016 年 4 月提出"××村（5）改造工程，由于设计时间与施工时间间隔较长，现场实际情况发生变化，变更金额 2 289 元"，但设计变更未履行申请、审批手续（仅提供由设计单位出具的设计变更情况简要说明及变更预算书），设计变更事由不充分。

变更二，由施工单位××市××电力有限公司于 2016 年 9 月提出"由于设计与施工时间间隔较长，兹提出原设计××镇××庄原装（315 kVA）1# 台区有一户动力户未进行改造，变更结算金额 9 993 元，已办理变更审批手续、变更说明等，设计变更的原因、内容、工程量及费用等内容完整、规范。

本次后评价认为：建设单位应做好工程项目的设计管理、工程变更管理工作，此部分管理环节缺失，不利于工程项目的安全管理、质量管理、投资控制管理。

（五）物资拆旧

表 6-1   项目拆旧物资组成

序号	设备名称	型号	计量单位	数量	备注
1	钢芯铝绞线	35 mm² 以内	m	96 360	
2	钢芯铝绞线	95 mm² 以内	m	4 600	
3	变压器	315 kVA	台	4	
4	变压器	100 kVA	台	3	
5	配电箱		台	8	

本次后评价未查阅到变压器等拆旧物资的相关手续、资料，仅从结算中查阅到拆除费用，该项目拆旧物资未按资金来源、项目名称及时办理评估鉴定手续、入库手续，认为不符合××公司相关规章制度的要求。经查该项目废旧物资存放在施工单位，未签订委托保管协议，不符合废旧物资管理相关规定。

存在的问题：发现该工程未进行废旧物资回收，造成资产流失。

处理办法:依据废旧物资管理制度要求,由项目负责部门组织进行拆旧物资技术鉴定,完善项目拆旧计划。组织施工单位依据拟拆旧计划,对于具备条件的扫描实物 ID、盘点验收实拆情况,对应拆、实拆、实交量进行确认,对存在的差异,由施工单位说明原因,确认后形成退役资产拆除计划执行情况表;项目负责部门组织做好拆除实物资产的临时保管,开展报废物资实物移交工作,填报报废物资移交单;财务部完成价值评估;建设部完成处置计划上报;建设部完成国网废旧物资批次拍卖;对于新竣工工程拆除的废旧物资统一进行入库处理。

(六)物资利旧

该项目未采用利旧物资,本次后评价不涉及对物资利旧的评价。

(七)合同履约

1. 合同签订

该项目设计合同与××工程设计有限公司签订,合同金额为 125 642.00 元,合同签订日期不明确。

该项目监理合同与××电力工程监理有限公司签订,合同金额为 77 500.00 元,合同签订日期不明确。

该项目施工合同与××市××电力有限公司签订, 合同金额为 3 157 113.00 元,合同签订日期不明确。

该项目结算审核业务约定书与××造价咨询有限公司签订, 合同金额为 28 656.00 元,合同签订日期 2016 年 12 月 11 日。

该项目存在变压器、配电箱、导线、电杆等甲供物资,未见相关物资采购合同或甲供物资出入库手续。

本次后评价认为:该项目的设计、监理、施工及结算审核合同签订手续基本齐全,但合同管理未严格执行××公司相关规定,合同管理不到位。合同签订手续不齐全,该项目的设计合同、监理合同、施工合同及施工合同补充协议均无合同签订日期。

2. 合同履约情况

该项目的设计、监理、施工及结算审核合同签订手续基本齐全,但在合同履约方面存在以下问题：

（1）监理履约不到位。监理单位未按合同约定制订监理规划、监理实施细则、监理旁站方案等监理指导文件，同时，未提供监理旁站记录、监理会议纪要、监理月报等监理实施过程文件（仅提供监理日志），监理履约不到位。

（2）施工单位未能在合同约定工期内完成工程实施，超合同约定工期263天，无相关工期变更手续，视为承包方原因造成工期延误，应扣除违约金。依据施工合同20.2条，若因承包方原因造成工期延误，每延误1天，扣合同价款的2‰为违约金。

该项目的设计、监理、施工合同签订手续基本齐全，符合××市电力公司合同管理的规定。合同管理基本执行××公司相关规定，同时××供电分公司采用"××公司合同全过程管理业务应用系统"管理合同，但存在合同管理不到位的情况。

3. 设备监造情况

该项目主要设备为变压器、电杆、绝缘导线、电缆及附件，不在要求设备监造范围内，物资采购过程中亦未实施设备监造。

本次后评价不涉及对设备监造的评价。

第四节　项目结决算和档案管理评价

项目结决算和档案管理评价包括项目竣工验收管理评价、项目结决算管理评价和项目档案管理评价三部分。

一、项目竣工验收管理

该工程自2015年12月10日开工，2016年11月29日竣工验收，施工工期355天，工程于2016年11月29日预验收，同日竣工验收并发电运行。在竣工验收管理方面，建设单位、运维单位、施工单位做了以下工作：

建设单位在工程完工前制定了工程预验收、验收计划，并就验收工作的开展结合施工进度召开了工程竣工验收动员会，部署了整个验收工作的分工、发电前准备工作、协调相关工区单位确认验收标准。

运维单位在验收管理方面,按照验收标准核实相关报告。

施工单位在验收管理方面,严格执行了《××公司生产技术改造和设备大修项目验收管理规定》,结合施工组织设计、施工过程文件、中间(隐蔽工程)验收记录文件,施工工程能够顺利完成预验收、验收工作。

本次后评价工作查阅了工程的变压器、电缆、电杆等的《主要设备安装记录》《电缆合格证》《中间(隐蔽工程)验收记录》《工程验收申请表》《配电设备竣工验收报告》《竣工报告》等相关验收文件。

本次后评价认为:该项目的竣工验收工作总体较好、达到发电运行条件,但存在以下问题:工程延期,未见相应的延期手续。施工合同约定工期为 2016 年 5 月 25 日至 2016 年 8 月 25 日(共 92 天),实际工期为 2015 年 12 月 10 日至 2016 年 11 月 29 日(共 355 天),超合同约定工期 263 天,未见项目延期确认手续。

二、项目结决算管理

(一)结算审价管理

该项目未实施全口径结算,工程竣工验收日期为 2016 年 11 月 29 日,工程结算时间为 2017 年 12 月 19 日,由建设单位委托××造价咨询有限公司完成工程结算审核,结算审核报告内容包括工程结算审核定案表、结算书。工程结算报审金额 4 118 229.00 元,审定金额 3 745 268.00 元,审减金额 372 961.00 元。

该项目工程结算手续基本完备,结算审核程序符合合同条款约定,但存在以下问题:

(1)结算不及时。项目实际竣工验收日期为 2016 年 11 月 29 日,已提供的《审核报告》出具日期为 2017 年 12 月 19 日。结算办理流程不符合《××公司生产技术改造项目竣工决算管理规定》[××(运检/4)319-2014]"生产技术改造工程区分限上和限下工程,分别在竣工验收后 20 日、15 日内将确认的工程结算报告交财务部门"之规定。

(2)多结算工程量。经查××村工程结算,计取 12 m 电杆 33 基,依据已提供的竣工图,12 m 电杆工程量为 32 基,多计取电杆 1 基。

(3)结算计取拆除费用依据不足。审定结算书中计取变压器、配电箱、导线、电杆等拆除工程量,经查,竣工图纸中无上述相关拆除工程量,拆除费用计取依据不足,涉及金额约 15 万元。

(4)结算依据不足。后评价基准日,未见中标预算文件及经由三方确认的工程量确认单,结算依据不足。

(5)赔偿依据不足。破路赔偿费由乙方代为支付,且赔偿依据不足,赔偿费用接收方并非政府下设管理机构。

(6)结算手续不完整。结算审核定案表无建设单位、施工单位签字盖章确认手续。

本次后评价认为:工程结算审核工作基本符合《××公司生产技术改造项目竣工决算管理规定》等相关规定的要求,但存在结算办理流程不合规、结算依据不足等情况。

(二)决算转资管理

项目单位财务部门于 2019 年 7 月 29 日自行完成竣工决算审核,并出具竣工决算审核报告。竣工决算审核报告内容包括封面、《项目竣工决算表》。

该项目实际完成总投资 7 706 347.66 元。抵扣增值税金额 559 398.69 元,实际完成投资额 7 706 347.66 元,与可研估算相比,实际投资(含增值税)较概算资金节余投资 252 532.82 元,结余率为 3.17%。

该项目竣工决算报告不符合《××公司生产技术改造项目竣工决算管理规定》要求:

(1)项目竣工决算不及时。经查查阅竣工资料,××市××电力有限公司实际竣工日期为 2016 年 11 月 29 日,竣工决算编制日期为 2019 年 7 月 29 日。竣工决算办理流程不符合《××公司生产技术改造项目竣工决算管理规定》"项目竣工验收投运后 3 个月内,项目单位财务部门组织完成项目竣工决算报告的编制工作"之规定。

(2)未据实办理竣工决算。经查竣工决算其他费用明细,其他费用为 327 748.91 元(含增值税),包含工程监理费、工程设计费、其他 3 项费用,其中其他费未明确项目类别(经查财务明细账,实为工程结算审核费),其不含税净额为 27 033.48

元,相应抵扣增值税 97 573.43 元,税值金额大于净额本身,未据实办理竣工决算。

本次后评价认为:该项目竣工决算报告不符合《××公司生产技术改造项目竣工决算管理规定》相关规定的要求,竣工决算增值税金额计入不准确。

三、项目档案管理评价

该项目档案文件目录见表 6-2、表 6-3、表 6-4。

表 6-2　项目建设单位档案文件

序号	名称	数量	备注
建设单位文件			
1	项目可研	1	
2	可研批复	1	
3	综合计划	1	
4	项目初设	0	无初设概算 无初步设计说明书、图纸
5	初设批复	0	无
6	施工图纸	1	
7	服务合同	5	无物资合同
8	三措一案	2	项目"三措"、工程专项应急预案
9	图纸方案审查纪要	0	无
10	开工报告	1	
11	监理报告	0	无
12	工程量签证	3	
13	设计变更	2	
14	竣工验收申请	1	
15	竣工验收报告	1	竣工报告
16	结算审核报告	1	
17	设备拆旧清单和移交手续	0	无

表 6-3 项目监理单位档案文件

序号	名称	数量	备注
监理单位文件			
1	监理规划	0	无
2	监理细则	0	无
3	安全监理方案	0	无
4	质量旁站方案	0	无
5	监理会议纪要	0	无
6	旁站记录	0	无
7	监理日志	1	
8	监理初验方案	0	无
9	监理初验申请	0	无
10	监理初验报告	0	无
11	质量通病防治评估报告	0	无
12	监理工作总结	0	无
13	质量评估报告	0	无

表 6-4 项目施工单位档案文件

序号	名称	数量	备注
施工单位文件			
1	施工组织设计	1	
2	施工组织设计审批表	1	
3	安全措施方案	1	
4	技术措施方案	1	
5	组织措施方案	1	
6	应急预案	1	
7	开工报审表	1	
8	设备进场报审	0	无
9	开箱申请	0	无

续表

序号	名称	数量	备注
10	施工质量评定验收及评定范围划分报审	0	无
11	分项工程质量评定表	0	无
12	试验报告	1	安全工器具预防性试验报告
13	公司级专检报告	0	无
14	工程竣工报告	1	

通过对该项目已归档的工程档案资料的查阅对比,后评价认为,××供电分公司在工程档案管理方面主要执行了《××公司档案管理办法》[××(办/2)417–2014],该项目档案文件的收集、整理、归档工作基本满足工程项目管理需要,能够真实反映工程建设期间的全貌,但存在部分主要文件归档不齐全、文件签字手续不齐全等问题,如监理过程管理文件(仅有监理日志)及设计、监理、施工招标过程文件未归档(仅中标通知书归档)。

第五节　项目投资控制评价

该项目可研批复金额795.89万元,投资计划批复资金796万元,工程施工费竣工结算金额为374.53万元,竣工决算金额(含增值税)为770.63万元,抵扣增值税金额55.94万元后竣工决算金额为714.7万元,见表6–5。

表6–5　项目全过程造价对比表　　　　　　　　　单位:万元

项目	可研估算	竣工结算	竣工决算
总投资	795.89	770.63	770.63
建筑工程费	125.68	0.00	0.00
设备购置费	342.36	363.33	363.33
安装工程费	247.01	374.53	374.53
其他费用	80.84	32.77	32.77

　　根据提供的××工程设计有限公司出具的本工程的可研估算，确认本工程估算投资 795.89 万元，无项目概算投资。实际投资（含增值税）较可研估算资金节余投资 25.25 万元，结余率为 3.17%。具体情况见表6-6。

表 6-6　决算与估算情况对比分析表

	工程或费用名称	估算金额（元）	决算金额（元）	增减额（元）	增减比率（%）
1	建筑工程	1 256 805.86	0.00	−1 256 805.86	−100.00
2	设备购置	3 423 597.59	3 633 330.74	209 733.15	6.13
3	安装工程	2 470 086.30	3 745 268.01	1 275 181.71	51.62
4	其他费用	808 390.73	327 748.91	−480 641.82	−59.46
4.1	建设场地征用及清理费	86 678.60	0.00	−86 678.60	−100.00
4.1.1	余物清理费	86 678.60	0.00	−86 678.60	−100.00
4.2	项目建设管理费	160 776.58	77 500.00	−83 276.58	−51.80
4.2.1	项目管理经费	42 859.26	0.00	−42 859.26	−100.00
4.2.2	招标费	22 881.57	0.00	−22 881.57	−100.00
4.2.3	工程监理费	95 035.75	77 500.00	−17 535.75	−18.45
4.3	项目建设技术服务费	304 613.95	125 642.00	−178 971.95	−58.75
4.3.1	工程勘察费	62 610.76	0.00	−62 610.76	−100.00
4.3.2	工程设计费	215 837.61	125 642.00	−90 195.61	−41.79
4.3.3	设计文件评审费	4 748.43	0.00	−4 748.43	−100.00
4.3.4	项目后评价费	18 634.46	0.00	−18 634.46	−100.00
4.3.5	技术经济标准编制管理费	2 782.70	0.00	−2 782.70	−100.00
4.4	工程建设监督检测费	2 329.83	0.00	−2 329.83	−100.00
4.5	生产准备费	75 984.84	0.00	−75 984.84	−100.00
4.5.1	基本生产准备费	6 024.84	0.00	−6 024.84	−100.00
4.5.2	杆号牌、警示牌购置费	69 960.00	0.00	−69 960.00	−100.00
4.6	基本预备费	77 808.74	0.00	−77 808.74	−100.00

续表

	工程或费用名称	估算金额（元）	决算金额（元）	增减额（元）	增减比率（％）
4.7	其他	0.00	124 606.91	124 606.91	100.00
4.8	建设期贷款利息	100 198.20	0.00	−100 198.20	−100.00
	合　计	7 958 880.48	7 706 347.66	−252 532.82	−3.17

建筑工程费分析:竣工决算建筑工程费为 0 元,经查结算审定书,存在建筑工程费 425 004.00 元,竣工决算报告中建筑工程费均并入到安装工程费中,资金划分不严谨。结算建筑工程费较可研估算建筑工程费结余 831 801.86 元,结余率 66.18%,是由于线路复测及分坑、电杆坑挖填方等工程量及综合单价调整。

安装工程费分析:因竣工决算报告中安装工程费划分不准确,此处由结算与可研估算安装工程费作对比分析。结算安装工程费较可研估算增加 693 377.70 元,增加比例为 28.07%,是由于设备、主材安装工程量增加,相应安装费、材料费调整。

拆除费用分析:因竣工决算报告中未单独划分出该项费用,此处由结算与可研估算拆除费用作对比分析。结算拆除费用较可研估算结余 21 517.00 元,结余率为 12.48%,是由于结算中导线拆除工程量减少,及拆除物资规格、型号发生变化,相应拆除单价调整。

设备购置费用分析:竣工决算较可研估算设备购置费增加 209 733.15 元,增加比例为 6.13%,是由于变压器等设备安装数量调整,设备购置费相应增加。

其他费用分析:可研估算其他费用为 808 390.73 元,主要构成为余物清理费、项目建设管理费(包括项目管理经费、招标费、工程监理费)、项目建设技术服务费(包括工程勘察费、工程设计费、设计文件评审费、项目后评价费、技术经济标准编制管理费)、工程建设监督检测费、生产准备费、基本预备费、建设期贷款利息等 7 项费用;竣工决算中其他费用为 327 748.91 元,主要构成为项目建设管理费(包括工程监理费)、项目建设技术服务费(包括工程设计费)、其他。经查审定结算书,存在其他费用 156 801.00,主要构成为余物清理费、生产准备费,即竣工决算报告中将此项费用并入到了安装工程费中。因此,其他费用实际支出金额应为 484 549.91 元(327 748.91+156 801=484 549.91),较可研估算结余 323 840.82 元,结余率 40%,结余原因主要为项目管理经费、招标费、工程建设监督检测费、基本预备费等费用均未发生。

本次后评价认为,建设单位对该项目的施工、设备采购实施了招标,通过充分的竞标有效控制投资,同时建立完善的合同签订、审核程序,能够通过合同手段落实造价控制措施。但在项目前期阶段,建设单位对项目估算、设计阶段重视不足,未委托设计单位实施工程初步设计,导致可研阶段与决算阶段之间偏差较大;在项目建设过程中,未据实填列竣工决算,造价控制工作不到位。

第六节　项目运营绩效评价

项目运行绩效后评价包括运行效益评价、社会效益评价、环境影响评价三部分。

一、运行效益评价

（一）安全评价

1. 设备事件、电网事件安全评价

（1）改造前设备运行事件、电网事件及安全隐患。

110 kV××变电站 10 kV××线××等村配变台区低压干线导线线径 LGJ–50、老旧程度高、运行年限 12 年以上负载率%90、末梢电压最低 177 V;低压配电线路老旧,主干线线径过细,难以对村负荷增长提供服务。

110 kV××变电站 10 kV××线自 1969 年投运至改造前, 每年平均发生 5~6 次故障,故障原因为外力破坏等。

（2）改造后设备运行状态、电网事件及改造后效果评价。

该项目投入运行后,由××供电分公司线路工区运行维护工作。本工程于 2016 年 11 月 29 日重新投运,经查阅巡线记录、事故记录,截至 2019 年 9 月,共发现故障 12 次,总体运行良好。

2. 设备事件、电网事件存在的安全生产风险评价

(1)项目安全风险概率分析。

根据项目可能发生的安全风险事件,评估风险发生的频次,累加得到项目安全风险概率。

该项目自投运以来设备运行情况稳定,未发生任何事故、故障等不安全现象。

(2)改造前后风险评价。

改造前风险评价:根据项目风险概率评估表和状态评价结果,确定风险发生概率处于高位,为 4 级,综合评估风险值为 16。

改造后风险评价:根据项目风险概率评估表和状态评价结果,确定风险发生概率处于极低位,为 1 级,综合评估风险值为 1。

(3)风险评价结论。

通过对 110 kV××变电站 10 kV××线路××村等台区综合改造,增加了供电的可靠性。消除配电网安全风险,消除了导致架空线路和故障电网停电隐患,后评价认为在安全评价方面,现阶段结论为符合设计要求、功能需求,具有提升了配电网可靠性的效果。

(二)效能评价

该项目效能评价方面,涉及对于电网供电能力、可靠性、利用水平等方面的成效以及相关效能指标方面。

1. 设备供电能力及提升输电能力评价

该项目主要建设内容为 110 kV××变电站 10 kV××线××等村低压线路绝缘导线、接户线的改造更换,实施后线路路径、电压等级均不发生改变,更换后提升了输电系统的供电可靠性,保持了改造前的输电能力,保证了输电线路的稳定运行,满足该地区的供电需求。

2. 线路可用系数评价

该项目建设内容为 110 kV××变电站 10 kV××线××等村低压线路绝缘导线、接户线的改造更换,实施后电缆出线间隔及电缆规格均不发生改变,改造后线路可用系数增大,线路可靠性增强。

3. 效能相关指标

二氧化硫减排指标和二氧化碳减排指标:该项目建设内容为改造更换绝缘导线、接户线等架空线路,实施后线路路径、电压等级均不发生改变,在生产、输电过程中不直接向大气排放二氧化硫和二氧化碳,本次评价不涉及上述两项指标的直接评价。

4. 经济效益评价

该项目为技术改造项目,改造内容为更换绝缘导线、接户线等架空线路,实施后线路路径、电压等级均不发生改变,主要建设目标为保证输电线路的可靠性,在效益方面现阶段,主要评价内容为运检成本和运营收益 2 方面评价,见表6-7、表6-8。

经与项目建设单位××市电力公司××供电分公司相关部门座谈,结合该公司架空线路检修运维成本核算方法及核算口径设置现状分析认为,该项目改造内容为更换铁塔、导线、金具改造,实施后线路电压等级、输电量、路径均不发生改变,年常规运行维护非事故处理费用未随着线路更换而变化。因此本次评价决定采用简化的成本分析方法用于效益评价,即仅归集增加减少费用,不变费用不予归集的"非全寿命成本分析法"实施评价。

该项目建设内容为架空线路改造,实施后线路电压等级、路径均不发生改变,

表6-7 改造前后年度成本统计表 单位:元

序号	费用名称	改造前	改造后
1	CI	0	385 317
2	CO	39 970	39 970
3	CM	84 340	84 340
4	CF	623 000	0
5	CD	0	0
	小计	747 310	509 627

注:CI(cost of investment)初始投入成本、CO(cost of operation)运维成本、CM(cost of maintenance)检修成本、CF(cost of fault)故障成本、CD(cost of disposal)退运处置成本

表6-8　改造前后年度售电量统计表　　　　　　单位:kW·h

村名	营销系统变压器名称	2014 年售电量	2015 年售电量	2018 年售电量
××	××村 01 号公变	88 787.38	251 677.40	213 006.43
	××村 05 号公变	0.00	0.00	120 180.90
	××综合 1 号变	164 128.58	152 105.15	181 317.97
	××综合 3 号变	249 396.79	265 753.14	219 063.69
	××村 04 号公变(村西北)	0.00	0.00	177 829.24
	××卫生院 01 号公变	0.00	0.00	69 660.00
南胡	××综合 1 号变	129 991.06	164 495.00	225 067.87
南赵庄	××综合 1 号变	98 310.72	162 999.39	251 028.37
	xx综合 02 号变	56 911.30	61 268.53	74 622.22
宗庄子	××综合 1 号变	158 627.37	242 698.52	356 897.74
	××综合 2 号变	128 446.68	179 781.40	145 731.94
	××村 03 号公变	0.00	0.00	99 241.45
	××综合 1 号变	163 566.42	194 161.30	286 988.48
	××综合 2 号变	110 622.80	155 213.54	139 961.10
汇总		1 348 789.10	1 830 153.37	2 560 597.40

自 2014 年、2015 年与 2018 年间运行状态分析,在项目投运前后 1~2 年,线损率降低方面改造前后未发生变化,由于增加了××村 05 号公变、××村 04 号公变(村西北)、××卫生院 01 号公变、××村 03 号公变等变压器,供电量有所增加,其余相关因素未发生变化。

经评价对比,该项目是运检成本是降低的,运营收益是增加的,经济效益是可行的。

二、社会效益评价

(一)社会责任承担评价

该项目为技术改造项目,对××市区域电网及项目所在地电网的供电可靠性有提升,项目实施前后,消除了线路停电、抢修事故的发生,10 kV××线路担负着××市多个区域的供电任务,此次改造完成后对南赵庄、××村、北石村、刘总兵、小杨家庄等 21 个村庄的生活、工作、生产产生了积极影响,在提升电网输电可靠性的同时最大限度的保障了该区域配电网供电的可靠性。因此,该项目的实施带来了应有的社会效益,同时也是供电企业也积极主动的承担了社会责任的体现。

(二)推动产业技术进步评价

该项目为生产技改项目,施工范围原线路路径、出线未变化,未涉及新施工工艺,新材料、新设备,采用的设备为常规设备,且施工工艺均为常规工艺,未涉及电力行业先进技术、国产设备、创新性技术,在提高电力行业技术水平、提升国产制造水平、推动其他行业技术进步等方面未发生变化。在保障供电能力及提高城市区域供电量方面有较大贡献。

三、环境影响

(一)环保设施落实评价

本次后评价认为:通过制定的环境管理措施的实施,在整个施工安装期间,该改造项目对于施工期间的垃圾、弃渣等生态影响因素所采取的保护措施基本满足××市对施工现场环保管理的总体要求,但无噪声、废水、扬尘等针对性措施,施工组织设计内容深度不足。

(二)环境影响效果评价

1. 噪声排放

该项目为线路全线进行电杆、导线更换,实施后架空线路路径、回数及电压等级均不发生改变,输电容量、电压等级未增减,噪音排放指标无变化,对比改造前,相对于地面反射面范围内,无噪声排放对周边环境的影响。

2. 固体排放

该项目线路设备运行不涉及固体废物排放。

3. 气体排放

该项目线路设备运行不涉及气体废物排放。

4. 工频电场、磁感应强

该项目各工矿指标运行环境条件均按原设备条件设置,运行中产生的工频电场、工频磁场均不高于原架空线路。

5. 评价结论

经该项目建设后对周围环境影响无变化,在环境影响方面各指标均符合控制标准。

(三)环境措施落实评价

该项目的建设未形成对固体、气体、水土不利影响因素、噪声排放、工频电场指标均未变化,因此,该项目不需新建环保设施。

项目的运行效益综合评分为 90 分,具有优良的运行效益。

第七节 项目后评价结论

一、项目目标评价

该项目以企业安全生产为基础、以促进城市区域电网建设为根本,是推动技术进步、经济发展、降低企业生产运营综合成本的技改项目。因此,该项目决策正确,项目建设目标明确。决策程序基本合理,在可研报告的编制和评估方面应予以充分重视,尤其是可行性研究报告的编制深度应达到国家、电力行业对固定资产投资管理的要求。

本报告将项目目标实现程度分为实现(A)、基本实现(B)、部分实现(C)和未实现(D)4 个等级,并采用专家打分法进行评价。

××供电公司 110 kV××变电站 10 kV××线路××村等台区综合改造项目目标评价得分为 A,目标评价结果表明,该项目实现了预期的宏观目标和项目目标。

二、项目成功度评价

根据该项目的特点,将分别从宏观及具体目标、立项决策与建设过程、运行效果、社会经济效益及影响等几个方面,通过综合评定,后评价小组及专家组提出对本建设项目成功度的评价结论,成功度评价为 A。

按照成功度评价结果,通过对该项目的决策、准备、采购、实施、竣工验收、运行效果、社会经济效益及影响等各阶段的项目组织管理开展后评价的工作,后评价认为该项目成功度的总体评价结论为"成功"。

三、项目全过程管理指标评分

(1)项目前期工作评价:得分为 12 分,扣除 2 分。关于项目建设的前期准备充分,并编制可行性研究报告。但可行性研究报告未包括项目建设资金筹措、来源,及建设工期目标、经济、社会效益分析等内容,故扣除 2 分。

(2)项目实施准备阶段评价:得分为 15 分,扣除 4 分。由于该项目未委托设计单位实施工程初步设计,无初步设计文件、初步设计概算文件,不能满足施工管理、质量、安全、进度、投资控制的需要;在组织实施该项目过程中,设计招标时间晚于施工图及施工图预算文件出具时间,涉嫌虚假招标,故扣除 4 分。

(3)项目实施过程评价:得分为 26 分,扣除 6 分。从制定工程管理措施到最后的竣工验收,各流程管理基本规范,基本能够做到认真组织项目实施,严格控制费用支出,加强项目全过程管理,但存在未办理拆旧物资评估鉴定手续及入库手续、设计变更手续不齐全、合同履约不到位的情况,故扣除 6 分。

(4)项目结决算管理评价:得分为 1 分,扣除 9 分。结、决算手续办理流程及内容不符合《xx公司生产技术改造项目竣工决算管理规定》等规章制度要求。结算存在结算不及时、多计取工程量、结算依据不足、手续不齐全等情况;决算报告内容质量未到达要求,并且未按照规定在项目竣工验收投运后 3 个月内,项目单位财务部门组织完成项目竣工决算报告的编制工作,故扣除 9 分。

(5)项目档案管理评价:得分为 1 分,扣除 4 分。在档案管理中存在监理资料归档不齐全,手续不齐全问题,故扣除 4 分。

(6)项目投资控制评价:得分为 5 分,扣除 15 分。设备购置费决算较可研估算增加比例为 6.13%,费用偏差±10%以内得 3 分;拆除费用结算较可研估算减少比例 12.48%,费用偏差±15%以内得 2 分;建筑工程费结算较可研估算减少比例 66.18%,安装工程费结算较可研估算增加比例为 28.07%,其他费用实际支出较可研估算减少比例 40%,费用偏差均超过±20%得 0 分。故共扣除 15 分。

因此该项目项目管理全过程最后评分 60 分。

四、项目运营效益评分

(1)项目运行效益方面,得分60分。项目在安全、效能、效益方面,根据附录A项目运行效益评价指标要求均达到标准及要求。

(2)项目社会效益方面,得分为10分。项目消除了线路停电、抢修事故的发生,对××市区域电网及项目所在地电网的供电可靠性有提升,提高××区供电质量、保障公共安全等方面较有成效。该项目为生产技改项目,原线路路径、出线未变化,未涉及新施工工艺,新材料、新设备,在推动产业技术进步上未能得分。

(3)项目环境影响方面,得分为20分。项目环保措施落实到位,建设未形成对固体、气体、水土不利影响因素,噪声排放、工频电场指标检测均合格,未接到相关投诉。

故项目运营绩效最后评分90分。

五、总结

(一)总体评价

××供电分公司根据上级公司相关工作管理办法的要求,加强了对该项目实施的组织领导,基本能够做到认真组织项目实施,严格控制费用支出,加强项目全过程管理。建设期内未有重大问题、安全事故发生的情形。但在档案管理方面存在部分主要文件归档不齐全、文件签字手续不齐全等问题;在监理管理方面,监理单位对该项目施工全过程的安全、质量、进度、验收等方面的监理工作不到位。项目运行情况方面,自2016年11月29日投运以来,改造后的110 kV××变电站10 kV××线××等村低压线路发生接地故障停运次数为12次,非计划停运次数为12次,未发生其他断电、负荷超载等故障,设备总体运行状况良好,改造后的低压线路未进行过大修,至2019年9月后评价基准时日,共发生缺陷13项。

这表明,该项目的实施对提升线路输送能力,提高地区供电可靠性,满足该地区的供电需求起到了应有的作用。

(二)经验和不足

该项目在建设期内,存在可研报告编制深度有待提高、设计涉嫌虚假招标、合同签订不规范、监理履约不到位、施工单位未按合同计划工期完成实施、拆旧物资未办理评估鉴定手续及入库手续、设计变更手续不齐全,结算不及时、多计取工程量、结算依据不足、手续不齐全,决算不及时、报告内容质量未到达要求,以及部分主要文件归档不齐全、文件签字手续不齐全等问题。

(三)措施和建议

该项目在各参建单位的共同配合下,虽然取得了成绩,但实际建设过程中,仍然还有不断完善和改进之处,现提出以下工作建议:

(1)加强可研报告的编制及评审工作,以保证前期工作质量,为企业内部投资决策行为提供有力依据。

(2)加强项目初步设计及概算管理工作,及时应做好初步设计概算编制工作,力争当年完成的项目概算金额能够真实反映当期工程造价价格水平,避免增加企业为工程项目筹措建设资金的难度。

(3)严格规范项目管理招投标活动,具备招标条件后,方可招标。

(4)做好合同管理工作,加强合同履行过程中的监控、管理工作,使合同双方能够完全适当的履行签订的书面合同。

(5)加强工程监理的过程工作管理,使监理单位能够发挥应有的作用。

(6)加强项目结算管理工作。建设单位应严格按照《××公司生产技术改造项目竣工决算管理规定》[××(运检/4)319-2014]等相关规章制度的要求,加强对项目结算的管理,在竣工验收后据实进行结算,确保结算的真实、准确。

(7)加强竣工决算管理工作。建设单位应依据《××公司生产技术改造项目竣工决算管理规定》[××(运检/4)319-2014]要求,加强决算管理工作,据实填列竣工决算报表中的相关数据,及时做好工程转资和计提折旧工作,确保折旧费用准确。

(8)加强工程档案管理工作,严格按照相关标准要求执行,建立健全文件材料的归档制度,从项目前期、招投标、施工过程、竣工验收等方面,确保每项工程完结后,均有完整、准确、系统的文件材料移交档案部门归档保存,杜绝归档资料手续不齐全、归档有误等问题。

第七章　电网生产技改项目群后评价实例

第一节　项目群概况

一、项目群选取原则

依据《××设备部关于开展 2019 年电网生产技改项目后评价工作的通知》文件要求,××市电力公司 2019 年度电网生产技改项目群评价工作中,在项目群选取方面,执行以下选取原则:选择专业重点工作开展后评价,如输电线路"三跨"、抗冰改造,变电抗短路能力不足变压器改造等;选择公司统一决策的事项开展后评价,例如重要活动保电、近 3 年签报事项等。

结合 2018 年度电网生产技改项目年度计划及完成情况,本次项目群后评价的评价对象选取了"××电力公司生产技改××保电项目"项目群,并按照文件要求,组织实施项目群后评价工作。

二、项目群简介

本次项目群后评价的对象为"××电力公司生产技改××保电项目",该项目群由 137 项电网生产技术改造项目构成,涉及 13 家××公司二级单位,技改项目群总投资计划金额 15 060.09 万元。项目分部及重点主要建设内容见表 7-1。

××保电期间,由于现有开闭站内设备损坏,通信、调度设备故障频次逐年增加,导致设备无法正常运行,需加装在线监控装置,现状变电站内无法收到安防报警信号,地源热泵系统不满足设备运行的温度要求,未按照电压等级设置分电屏导致直流系统分电屏数量不足,电容器组容量不能满足需求等,线路避雷器设备老化,故障频发,严重影响用电质量,为了提升××保电期间整体运行情

177

表 7-1 项目分部及重点建设内容

序号	实施市公司	计划完成项目数量（项）	计划完成项目金额（万元）	实际完成项目数量（项）	项目完成入账金额（万元）	实施单位项目完成率（%）
××电力公司生产技改××保电项目构成统计表						
1	××检修公司	21	3 684.4	21	3 554.34	96.47
2	××公司	20	2 732.47	20	2 579.18	94.39
3	××公司	15	1 203.36	15	1 126.47	93.61
4	××公司	13	1 558.47	13	1 504.39	96.53
5	××公司	13	1 331.17	13	1 288.17	96.77
6	××公司	12	582.7	12	572.27	98.21
7	××公司	11	847.93	11	818	96.47
8	××公司	10	443.49	10	434.53	97.98
9	××公司	7	370.08	7	365.49	98.76
10	××公司	5	422.26	5	409.34	96.94
11	××公司	5	272.15	5	269.89	99.17
12	××信通公司	3	900.67	3	887.34	98.52
13	××电科院	2	710.94	2	686.55	96.57
	合计	137	15 060.09	137	14 495.96	96.25

况,保证设备的安全稳定运行,提升电网安全稳定水平,提高供电的安全性,保证供电的可靠性。

××电力公司生产技改××保电项目共计 137 项,项目群实施单位为××市电力公司,××计划开工时间为 2017 年 1 月,计划竣工时间为 2017 年 7 月 31 日,提升项目计划开工时间为 2017 年 10 月,计划竣工时间为 2017 年 12 月,总投资 15 060.09 万元,实际完成投资 14 495.96 万元。

主要建设规模:"××电力公司生产技改××保电项目"改造变电站内设备,完善安全监控平台功能,配网箱式变电站整体改造控装置、自动化升级改造、消防设施整体改造、开关柜、消弧线圈改造等,提升线路安全稳定运行等。

项目参建单位：该项目的实施单位为××市电力公司，主要参建单位：施工总承包单位为××供电公司各二级单位，设计单位为××设计有限公司、××电力设计院有限公司、××工程设计咨询有限公司、××电力新技术股份有限公司等，监理单位为××电力工程监理有限公司、××电力工程监理有限公司，物资采购单位为××市电力公司物资公司。

本次项目后评价的对象为由××市电力公司负责建设的，由××供电公司负责项目实施的"××电力公司生产技改××保电项目"。如无特殊说明，本报告所指工程项目均为××电力公司生产技改××保电项目。

三、项目决策要点

（一）项目宏观目标

在第××供电保障期间，建立健全公司保电组织体系和工作机制，以最硬的作风、最高的标准、最大的合力，以高度的政治责任感，把这次保电任务完成好，确保万无一失圆满完成，全面落实保电措施。

（二）项目具体目标

"××电力公司生产技改××保电项目"根据《××公司关于下达 2016 年综合计划调整及 2017 年预安排项目的通知》《××市电力公司关于下达 2017 年第一批生产技改项目投资计划的通知》等 7 个投资计划文件要求，为了改造变电站安防系统、电容器组、开闭站开关柜、通信、调度设备、安装消联动报警系统，加装直流系统分电屏，加装图像、气象在线监测系统，提高供电的安全性，保证供电的可靠性。

（三）项目进度目标

××公司生产技改××保电及提升项目实施的计划总进度为 2017 年 1 月至 2017 年 12 月，施工阶段计划开竣工时间为 2017 年 1 月至 2017 年 7 月。

（四）项目投资目标

××公司生产技改××保电及其提升项目计划总投资 15 060.09 万元。

四、项目群投资控制情况概况

(一)项目投资情况

××公司生产技改××保电及其提升项目计划资金批复总投资 15 060.09 万元。所需资金由××市电力公司自筹。

(二)项目实际完成总投资(项目实际入账金额)

××公司生产技改××保电及其提升项目实际完成总投资 14 495.96 万元。

五、项目群实施进度情况

(一)项目前期准备阶段

可研批复时间:2016 年 7 月 15 日;计划下达时间(第一批次至第七批次时间):2016 年 12 月 6 日至 2017 年 6 月 20 日;设计中标时间(框架):2016 年 11 月;施工中标时间(框架):2017 年 3 月。

(二)施工阶段

项目实际施工工期:2017 年 4 月至 2017 年 7 月。

(三)竣工验收阶段

工程验收:2017 年 8 月 3 日;结算完成时间:2017 年 12 月。

项目总进度:××起止实施时间为 2017 年 1 月至 2017 年 7 月。

六、项目设备运行情况

该项目自竣工投产以来,已对损坏开闭站内、通信、调度设备以及线路设备进行维修和更换,加装在线监控装置、安装安消联动系统、地源热泵系统、增加直流系统分电屏数量及电容组容量等,满足××需求,全部赛事供电始终安全平稳,保证了开闭幕式等关键时段供电"绝对安全",配套设施及重点点位供电可靠、服务优质,实现了"零故障、零闪动、零差错、零投诉"。

七、项目关键节点进度评价

该项目自可研报告编制至竣工投产运行,基本上执行了上级单位批复的项目里程碑计划,每一重点、关键节点都能够基本完成计划时间,总体进度较好。该工程实际关键节点与计划差异见表 7-2。

表 7-2　项目关键节点一览表

序号	项目关键节点	实施主体	相关文件、文号	计划时间	实际时间
1	可研报告编制				2016 年 5 月
2	可研批复	××市电力公司	第二批(××宁运检〔2016〕3 号)		2016 年 7 月 15 日
3	可研评审意见	××市电力公司经济技术研究院	××经研规划〔2016〕87 号		2016 年 7 月 6 日
4	计划下达	××市电力公司(第一批至第七批)	××发展〔2016〕189 号至××发展〔2017〕215 号		2016 年 12 月 6 日至 2017 年 11 月 20 日
5	设计中标	××工程设计咨询有限公司、××电力设计院有限公司等	中标通知书		2016 年 11 月
6	设计合同	××工程设计咨询有限公司、××电力设计院有限公司等	设计合同		2016 年 12 月
7	初步设计		初步设计图纸		未见
			概算		未见
8	施工图纸	××工程设计咨询有限公司、××电力设计院有限公司等			2017 年 4 月
9	物资合同签订				2017 年 3 月
10	施工中标	××公司、××公司等	中标通知书	2017 年 3 月	2017 年 3 月
11	施工合同签订	××公司、××公司等	施工合同	2017 年 9 月	2017 年 4 月
12	监理中标	××电力工程监理有限公司、××电力工程监理有限公司等	中标通知书	2016 年 11 月	2016 年 11 月
13	监理合同签订	××电力工程监理有限公司、××电力工程监理有限公司等	监理合同	2016 年 12 月	2016 年 12 月
14	物资到货		货物交接单	2017 年 3 月	2017 年 3 月
15	开工报告		开工报告	2017 年 1 月	2017 年 1 月
16	竣工验收		工程竣工报告	2017 年 7 月	2017 年 7 月
17	竣工图纸	××工程设计咨询有限公司、××电力设计院有限公司等		2017 年 7 月	2017 年 7 月
18	工程结算		结算审核报告	2017 年 8 月	2017 年 8 月
19	竣工投产		竣工投产通知书	2017 年 7 月	2017 年 7 月

第二节　项目群前期工作评价

项目前期工作评价包括项目前期组织情况评价、可研报告审批情况评价和可研报告质量评价 3 部分。

一、项目前期组织情况

（一）项目储备情况

1. 项目实施改造前情况

××保电期间，由于现有开闭站内设备损坏，通信、调度设备故障频次逐年增加，导致设备无法正常运行，需加装在线监控装置，现状变电站内无法收到安防报警信号，地源热泵系统不满足设备运行的温度要求，未按照电压等级设置分电屏导致直流系统分电屏数量不足，电容器组容量不能满足需求等，线路避雷器设备老化，故障频发，严重影响用电质量，为了提升××保电期间整体运行情况，保证设备的安全稳定运行，提升电网安全稳定水平，提高供电的安全性，保证供电的可靠性。

2. 项目储备管理模式

按照××公司《××公司生产技术改造工作管理规定》，项目储备经过两个阶段：可研阶段和储备阶段。可研阶段包括项目可研编制、项目可研评审、项目可研批复。项目可研应满足物资采购招标要求，并附拟拆除设备技术鉴定及处置意见。项目可研评审由××市电力公司运检部、调控中心等部门委托××电力经济技术研究院组织，对该项目可行性研究报告进行评审，并由××电力经济技术研究院出具针对项目可行性研究报告提出评审意见，由××市电力公司运检部根据评审意见下达批复。储备阶段包括储备项目录入和储备项目审批。

3. 项目储备情况

××市电力公司运检部依据××技改项目储备管理规定以及××相关技术标准及项目储备要求，经××市电力公司于 2016 年以《××电力公司关于下达 2017 年第一批生产技改项目投资计划的通知》等文件形式批复该项目纳入 2017 年度技改大修项目储备库。

（二）前期工作过程评价

××市电力公司生产技改××保电项目共 137 项，均为生产技改项目，计划资金 15 060.09 万元，截至 2017 年 12 月 31 日，实际支付资金 14 495.96 万元。

经审阅项目建议书、可研报告及相关批复文件，××市电力公司于 2016 年 12 月至 2017 年 4 月，分七批对××电力公司生产技改××保电项目可研进行了审查。依据批复文件，××电力公司生产技改××保电项目共计 137 项目，计划投资总金额为 15 060.09 万元。项目建议书及可行性研究报告均在对现有设备运行情况进行调查的基础上，部署、实施项目前期工作，符合项目前期工作要求。

本次后评价认为：该工程前期工作比较充分、项目决策过程明晰，就该工程实施的必要性、可行性、项目技术方案及工程实施安排做出了一定的说明，编制程序和内容基本符合评审要求。

二、项目可行性研究报告评价

（一）项目可研报告主要内容

本次后评价 137 个项目中 43 个项目编制的可研报告，94 个项目编制的项目建议书。经审阅，项目建议书及可行性研究报告在现有设备运行情况进行调查的基础上，部署、实施项目前期工作，经评审后，确认项目建议书及可行性研究报告的主要内容符合项目前期工作要求。

（二）可研报告的编制深度

本次后评价 137 个项目中 43 个项目编制的可研报告，94 个项目编制的项目建议书。项目建议书基本满足××对可研报告深度编制的要求；9 个项目的可行性研究报告未对项目建设资金筹措、来源进行论述，未对建设期及运行期的环境影响保护、经济、社会效益进行分析，可研报告编制深度不够。占被评审项目总数的 6.57%。

（三）可研报告的编制质量评价结论

本次后评价认为：××保电项目的前期可研报告及项目建议书基本达到《××公司生产技术改造和设备大修项目可研编制与评审管理办法》文件规定的深度要求以及企业内投资决策需求。

第三节　项目群实施管理评价

项目实施管理评价包括项目实施准备工作、项目实施过程管理和施工组织设计评价三部分内容。

一、项目实施准备工作

(一)项目初设管理评价

1. 初步设计审批情况

初步设计文件由总说明、初步设计图纸、初步设计概算组成,设计主要内容为总体概况、建设规模和主要技术方案、工程概算等内容。本次后评价 137 个项目中 43 个项目未审阅到初步设计图纸,占被评审总数的 31.39%。

经审阅已归档初步设计图纸,项目建设规模与项目建议书或可研报告工程内容基本一致,并按照当期市场信息价格计列主要材料价格。

2. 初步设计质量

本次后评价项目的初步设计文件均由××电力经济技术研究院评审,经审阅初步设计批复文件及部分项目提供的初步设计图纸基本符合相关设计标准,设计文件完整,交付满足工期要求。设计采用经验成熟的技术、设备、材料,有效控制工程建设投资指标,设计评审程序符合规定的要求,见表 7-2。

表 7-2　初步设计内容深度评价表

序号	内容要求	主要内容简述	是否达到深度规定及要求
1	设计依据	设计依据主要包括国家政策、法规;工程设计的规程、规范;可行性研究报告及批复文件;上级部门或业主单位对工程的特殊要求以及有关的技术协议书、会议纪要、设计合同或设计委托文件	100%达到
2	现状及项目实施必要性	包括项目的设备现状、改造原因及其期望达到的目标	100%达到
3	设计规模和设计范围	说明设计的规模和设计范围	100%达到

续表

序号	内容要求	主要内容简述	是否达到深度规定及要求
4	设计方案	阐述采取的技术方案、过渡方案等	100%达到
5	施工组织设计	阐述采取的施工组织方案等	100%达到
6	主要设备材料表	包括一、二次设备材料表	100%达到
7	项目概算书	编制项目的概算书	100%达到
8	技术经济特性	包括技术指标和经济指标	100%达到

本次后评价认为：项目均依据初设图纸进行物资采购、工程开工前准备工作，设计图纸进度基本达到工程要求，但存在部分项目初步设计图纸归档不齐全的情况。

（二）施工图设计评价

施工图纸的交付是影响项目按计划实施的关键因素之一，是保证该项目建设计划顺利实施的前提之一。本次后评价137个项目中69个项目签订了设计合同，本次后评价中9个项目存在施工设计图纸编制滞后的情况，占被评审总数的6.57%。不符合《××公司合同管理办法》第三十条"公司各级单位作为合同当事人应全面履行合同，并督促其他合同当事人全面履行合同。合同承办部门负责组织合同的履行，并在经法系统中及时维护合同履行信息，财务管理部门、法律部门、审计部门、监察部门应开展财务监督、法律监督、审计监督和监察"之规定。

本次后评价认为：部分项目施工图纸编制滞后，项目使用初设图纸招投标及施工，虽未影响施工总体进度计划安排，但无法满足施工管理、质量、安全、进度、投资控制的需要。

（三）采购招标情况

1. 采购招标实施

按照××公司及××市电力公司，组织各单位配合物资部开展了生产业务招采工作，本次后评价137项目的采购分为物资、设计、施工，各专业招标具体情况见表7-3。

表 7-3　物资(主设备)招标项目数量及占比

招标方式	项目数量(个)	占总项目比率(%)	计划完成项目金额(万元)	实际完成项目金额(万元)
批次	83	60.58	944.18	3 342.96
其他(利用拆旧物资)	41	29.93	466.40	1 651.34
协议库存	13	9.49	147.88	523.60
总计	137	100	6 454.32	5517.9

本次后评价137个项目中物资采购主要为物资公司组织批次采购和利用拆旧物资,占被评审总数的60.58%和29.93%。

本次后评价137个项目中69个项目进行监理采购,均采取框架招标方式,占被评审总数的100.00%。

本次后评价137个项目中施工采购主要为批次采购和框架采购,占被评审总数的56.20%和43.80%。

本次后评价137个项目中69个项目进行监理采购,均采取框架招标方式,占被评审总数的100.00%。

本次后评价认为:本阶段各项采购工作基本做到及时完成,为按时竣工投产创造了有利条件,但存在招投标归档不齐全的情况,仅审阅到中标通知书,未见招投标过程资料归档。

2. 采购结果

本次后评价未审阅到可研报告、估算、概算,物资、服务、施工合同金额无法与估算价进行对比,本次后评价对采购结果不予评价。

(四)施工组织设计

本次后评价137个项目中均按《××公司生产技术改造工作管理规定》编制了施工组织设计。

所有项目施工单位针对施工内容均编制了施工方案及安全组织技术措施,施工方案中对工程概况,人员职责及要求做出了简要说明,并对施工过程中的施工准备、人员分配及作业程序等做出了相应的要求,并提交监理单位进行了审批。

二、项目实施过程

(一)施工进度管控

××电力公司生产技改××保电项目计划于 2017 年 4 月开工，于 2017 年 7 月竣工验收。

本次后评价 137 个项目中均按规定编制施工组织设计，并按照工程管理要求编制了施工进度计划安排，提交监理单位进行审批，并在施工过程中，严格按照施工进度计划进行施工。

(二)质量管理

1. 质量管理措施落实

本工程制定的质量目标主要包括：确保无安全生产事故、确保无重大舆情事件、确保服务保障优质高效。实现零故障、零闪动、零差错、零投诉的保电目标，圆满完成供电保障任务。为了评价以上目标的实现情况，本报告分别从施工、监理、验收三个方面的质量管理进行评价。

在施工质量管理方面，本次后评价 137 个项目中在开工前施工单位均编制项目管理规划，制定了质量控制措施、关键工序的质量控制及保证技术措施。施工过程资料齐全、能够全面反映施工过程的质量控制、形成过程，通过审阅了施工单位的《检试验记录》《物资到货验收单》等施工过程文件，本次后评价认为，施工单位基本做到严把质量关、措施有效、工序质量、过程质量均满足了施工质量控制的总体要求。

在监理质量管理方面，本次后评价 137 个项目中有 69 个项目委托了监理，仅有监理规划、大纲、监理日志及施工过程文件归档，未查阅到监理单位应提供存档的各项审批文件、物资验收、分部分项工程验收等监理过程文件。本次后评价认为：监理单位未做到严把质量关，未满足工程质量控制的总体要求。

在竣工验收方面，本次后评价 137 个项目均已办理竣工验收，通过审阅主要参建单位的验收记录文件、验收结论文件，本次后评价认为各项目施工质量合格，无质量缺陷达到了工程合格率 100% 的目标；整个工程建设期间未发生七级及以上工程质量事件。137 个项目均验收通过并投入使用，实现了工程质量达标投产目标。

本次后评价认为：××电力公司生产技改××保电项目的实施在质量管理方面

实现了工程施工质量合格、按时竣工投产的质量目标,但监理单位履职不到位,存在安全生产隐患。

2. 设备监造情况

本次后评价 137 个项目所需采购设备不在××要求设备监造范围内,物资采购过程中亦未实施设备监造。

本次后评价不涉及对设备监造的评价。

3. 监理执行情况

该项目依据国家相关法律法规、《××公司生产技术改造工作管理规定》(××(运检/3)157–2014)规定,本次后评价 137 个项目中有 69 个项目委托了监理。本次后评价未查阅到监理单位应提供存档的各项施工资料审批文件、物资验收、分部分项工程验收等监理过程文件。不符合《建设工程监理规范》4.1.1"项目监理机构应根据工程监理合同约定,坚持预控、过程控制和质量验收相结合的原则,制定和实施相应的监理措施,采用旁站、巡视和平行检验等方式对建设工程实施监理"的规定,监理未按合同要求履约。

本次后评价认为:在项目建设过程中监理单位未能严把进场材料质量关,对施工单位编制施工方案、施工组织设计未实施审查;对重点工序施工、隐蔽工程、工程重点建设部位均未进行验收,在监理方面对落实工程质量未能提供保证。

(三)安全控制

在安全管理方面,本次后评价工作重点审阅了工程档案资料,在建设单位的安全管理方面、监理单位、施工单位的安全管理等方面以及安全目标的实现方面分别予以评价。

1. 建设单位的安全管理

××市电力公司各实施单位针对保电项目制定了相应的施工安××运动会行方案,建设单位在该项目安全管理方面严格执行了国家相关法律法规,在安全管理方面重点实施了以下工作:

(1)项目安全策划管理。

开工前,依据建设管理单位确定的项目安全管理总体目标,结合工程建设的实际特点,审批施工项目部编制的《施工方案》、建立了项目安全管理制度。

(2)项目安全风险管理。

开工前,组织施工单位进行安全技术交底,收集、提供作业环境范围内可能影响施工安全的相关资料,并提出保护措施要求;开工前,组织开展危险源分析,监督检查施工单位危险点辨识及控制措施的具体落实情况;工程建设过程中,督促施工单位建立施工现场的危险点及预控措施警示牌,并根据工程进度情况,按施工阶段及时更新,实施风险动态管理;在建设过程中,通过各级安全检查等活动,检查项目危险点辨识、风险控制措施落实情况。

(3)项目安全文明施工管理。

负责核查现场安全文明施工开工条件,重点做好各参建单位相关人员的安全资格审查、安全管理人员到位情况检查;工程建设过程中,重点发挥监理的安全管控作用,通过隐患曝光、专项整治、奖励处罚等手段,促进参建单位做好现场安全文明施工管理,过程检查做好记录,作为对工程各参建单位考核评价的依据;通过以上安全管理工作的开展,该项目在安全管理方面,建设单位发挥了较大作用。

本次后评价认为:建设单位的安全管理符合项目管理的要求、符合××对企业安全生产管理的要求。

2. 监理单位的安全管理

本次后评价 137 个项目中有 69 个进行了监理。

本次后评价未查阅到监理单位应提供存档的各项审批文件、物资验收、分部分项工程验收等监理过程文件。在项目建设过程中监理单位未能严把进场材料质量关,对施工单位编制施工方案、施工组织设计未实施审查;对重点工序施工、隐蔽工程、工程重点建设部位均未进行验收,在监理方面对落实工程质量未能提供保证。

本次后评价认为,监理单位的安全管理不符合项目管理的要求、不符合××对企业安全生产管理的要求。

3. 施工单位的安全管理

本次后评价 137 个项目的施工单位中 18 个项目未与××市电力公司签署《安全生产管理协议》,占被评审总数的 13.14%;26 个项目未办理安全技术交底,占被评审总数的 18.98%。不符合《××公司生产技术改造工作管理规定》第二十九条"(一)项目单位应加强施工单位管理,严格施工单位资质审查,并将其安全管理纳入本单位安全生产管理体系统一管理。(二)项目单位负责组织对施工图设计、施工方案审查,落实施工组织、技术和安全措施,确保施工现场安全。(三)生产技术改造项目应加强全过程安全、质量、进度监控,实行施工、监理(针对规定项目)和项目单位验收,对于自行施工的项目实行班组、工区(分部、运维站)、项目单位三级验收"之规定。

在本次后评价过程中审阅的安全管理资料和工程档案文件中,未发现有关人身受伤、停电、火灾以及其他次生安全事故的发生,施工单位的安全管理,满足安全生产的要求,开工前制定的各项安全目标已实现。

本次后评价认为:生产技改××保电项目的实施过程中未发现有关安全、消防、环境污染、职业健康等方面的事故发生,实现了无火灾、环境污染、运输车辆重大交通等事故和人身重大伤亡事故的安全控制目标。但存在项目安全责任划分不明确、施工现场的安全、消防、治安等管理制度交底不明确的情况,不符合××市电力公司的有关安全生产等方面的规定。

(四)设备拆旧管理

经审阅归档资料及结算文件,本次后评价 137 个项目中有 34 个项目涉及拆旧物资,34 个项目的拆旧物资退库手续无交接人签字确认手续,经沟通,拆旧物资未回库,散落存放于施工单位库房,未统一回库保管并登记备案,物资拆旧管理不符合《××公司电网实物资产退役管理规定》第三十三条"项目管理部门应组织做好拆除电网实物资产的临时保管和移交。鉴定为报废的,依据报废审批手续组织将拆除电网实物资产移交至物资部门统一处置;鉴定为再利用的,依据技术鉴定结果与物资部门办理入库保管手续"之规定。

本次后评价认为:拆旧物资未按《××公司电网实物资产退役管理规定》进行管理,拆旧物资整体缺乏管控,造成国有资产流失。

(五)合同签订情况

本次后评价 137 个项目设计、施工、监理合同签订手续齐全,物资采购由物资公司统一采购。

本次后评价认为,该项目的设计、施工、监理、物资采购合同签订手续齐全,符合××市电力公司合同管理的规定。

(六)竣工验收

本次后评价 137 个项目均已办理了竣工验收手续,截至 2017 年 8 月 10 日,137 个项目均已竣工投产。在竣工验收管理方面,建设单位、施工单位做了以下工作:施工单位针对各项目进行了分部验收,并提请监理单位、建设单位进行竣工验收。监理单位确认现场具备竣工验收条件,提请建设单位进行竣工验收。建设单位召开了工程竣工验收动员会,就竣工验收工作部署分工、投产前准备工作、协调相关工区单位确认验收标准。参建各单位严格执行了相关验收标准,使施工工程能够按计划如期实现预验收、验收工作。

本次后评价 137 个项目已完成了竣工验收及归档工作,经审阅《工程竣工报告》、竣工图纸等相关验收文件,本次后评价认为××电力公司生产技改××保电项目的竣工验收工作总体较好,达到发电运行条件。

三、项目管理评价

(一)项目管理总体情况

建设单位在组织实施"××电力公司生产技改××保电项目"改建项目过程中,管理职责分工如下:各实施单位的运检部负责技改项目前期储备、前期准备工作、设计管理、招标管理工作;安监部负责技改项目、日常运维安全监督管理;财务资产部负责建设资金筹措、会计成本核算、竣工决算编制、固定资产价值管理工作;运维检修部负责固定资产实物管理工作、日常运维技术指导工作。

经审阅工程过程资料,本次后评价 137 个项目基本能够做到认真组织项目实施,严格控制费用支出,加强项目全过程管理。建设期内未有重大问题、安全事故发生的情形。

(二)管理制度的建设情况

本次后评价 137 个项目主要执行××市电力公司制定的相关工程项目管理方面的各项制度、规定(主要执行的制度有《××公司生产技术改造工作管理规定》

《××公司生产技术改造和设备大修项目可研编制与评审管理规定》《××公司生产技术改造和设备大修项目初步设计编制与评审管理规定》《××公司生产技术改造和设备大修项目验收管理规定》《××公司生产技术改造项目竣工决算管理规定》等，并在执行过程中基本能够满足公司工程管理需求，与工程同步的工程资料基本能够反映项目实施全过程的管理情况，但在合同签订阶段、工程设计管理方面应重点加强。

第四节　项目群投资控制评价

××市电力公司生产技改××保电计划项目 137 项，计划投资总额 15060.09 万元，包括电网一次的配电、变电、输电；电网二次的自动化、通信、调度系统、继电保护及安全自动装置等专业，实际完工 137 项，完成率 100%，其中××检修公司计划数量最多，为 21 项，××电科院计划数量最少，为 2 项。各单位 2018 年度的计划项目数量、投资额度；实际完成数量及入账金额具体构成如下表。

表 7-4　项目群投资计划及资金入账情况统计表

序号	实施公司	计划完成项目数量（个）	计划完成项目金额（万元）	项目完成入账金额（万元）	差额（万元）	金额偏差率（%）
1	××检修公司	21	3 684.4	3 554.34	130.06	3.53
2	××公司	20	2 732.47	2 579.18	153.29	5.61
3	××公司	15	1 203.36	1 126.47	76.89	6.39
4	××公司	13	1 558.47	1 504.39	54.08	3.47
5	××公司	13	1 331.17	1 288.17	43	3.23
6	××公司	12	582.7	572.27	10.43	1.79
7	××公司	11	847.93	818	29.93	3.53
8	××公司	10	443.49	434.53	8.96	2.02
9	××公司	7	370.08	365.49	4.59	1.24
10	××公司	5	422.26	409.34	12.92	3.06

续表

序号	实施公司	计划完成项目数量(个)	计划完成项目金额(万元)	项目完成入账金额(万元)	差额(万元)	金额偏差率(%)
11	××公司	5	272.15	269.89	2.26	0.83
12	××信通公司	3	900.67	887.34	13.33	1.48
13	××电科院	2	710.94	686.55	24.39	3.43
	合计	137	15 060.09	14 495.96	564.13	3.75

一、各项费用入账与计划金额的偏差统计

××市电力公司生产技改××保电计划项目未审阅到工程结算按照费用构成,经审阅竣工决算报告,全年度项目计划完成金额为 15 060.09 万元,实际入账金额为 14 495.96 万元,结余偏差率为 3.75%,其中完成入账金额的建筑工程费、安装工程费、拆除工程费、设备购置费和其他费用的费用构成,与计划金额的对比偏差数据、结余偏差率,数据构成见表 7-5。

表 7-5　项目群入账与计划金额各项费用对比表

项目	计划完成金额(万元)	实际入账金额(万元)	入账率(%)	入账与计划偏差(万元)	结余偏差率(%)
设备购置费	6 454.32	5 517.9	85.49	936.42	14.51
安装工程费	5 198.09	7 276.64	139.99	-2 078.55	-39.99
建筑工程费	2 307.67	1 318.48	57.13	989.19	42.87
工程建设其他费用	835.83	234.52	28.06	601.31	71.94
拆除工程费	264.18	148.43	56.18	115.75	43.82
小计	15 060.09	14 495.96	96.25	564.13	3.75

二、各项费用入账与计划金额的偏差分析

总体上看 137 项工程项目的资金管控整体未超年度投资,节余偏差率为 3.75%。竣工的 137 个项目计划金额为 15 060.09 万元,整体总入账金额 14 495.96 万元。总入账率为 96.25%。137 个项目均不存在超支情况。

从各单项费用资金控制来看,137 个项目的设备费的资金管控最好,偏差率为 14.51%；其他费的资金管控情况最差，偏差率为 71.94%。根据数据分析及××保电项目特点、专业构成方面分析产生偏差的原因如下：

（1）可研编制深度不足，初步设计编制不及时，导致项目资金计划与实际需求偏差较大。

（2）在项目费用测算阶段，由于项目工期紧、任务重，各单位为保证在计划要求时间内完成项目工作，轻忽过程把控，忽视了设计、监理在项目过程中的重要作用。其他费用计划金额较低，且实际入账金额相比仍有结余（结余率 71.94%），此项数据说明××市电力公司重点供电保障配套项目的设计管理、监理管理、技术、经济咨询服务等方面费用较低，对于项目的质量控制不利。

本次后评价认为：建设单位对该项目的施工、设备采购实施了公开招标，通过充分的竞标有效控制投资，同时建立完善的合同签订、审核程序，能够通过合同手段落实造价控制措施，但存在前期计划不完善、结算审核不规范，导致项目投资控制管理工作不完善。虽然项目总体控制价达到了预期目的，但未完全满足投资控制要求。

第五节　项目群结决算和档案管理评价

项目结决算和档案管理评价包括项目竣工验收管理评价、项目结决算管理评价和项目档案管理评价 3 部分。

一、工程结算管理

经审阅竣工验收资料及结算审核报告，本次后评价 137 个项目中 78 个项目存在结算依据不充分的情况，占被评审总数的 56.93%。结算办理流程不符合《××公司生产技术改造项目竣工决算管理规定》。该项目物资、设计均未办理结算，在规定时间内按合同金额直接付款。

本次后评价结论：工程结算审核工作不符合《××公司生产技术改造项目竣工决算管理规定》[××(运检/4)319-2014]等相关规定的要求，存在结算依据不充分的情况。

二、工程竣工决算管理

经审阅竣工验收资料及结算审核报告,本次后评价137个项目中120个项目存在竣工决算编制不及时的情况,占被评审总数的87.59%。竣工决算编制不符合《××公司工程竣工决算管理办法》的规定。

本次后评价认为:该项目竣工决算报告能够正确核定新增固定资产价值,但竣工决算部分数据不够准确,应严格按照《××公司工程竣工决算管理办法》。

三、项目档案管理评价

该项目档案文件目录见表7-6、表7-7、表7-8。

表7-6　项目建设单位档案

序号	名称	是否归档	备注
建设单位文件			
1	项目可研	否	
2	可研批复	是	
3	下达计划	是	
4	项目初设	否	
5	初设批复	是	
6	施工图纸	是	
7	服务合同	是	
8	三措一案	是	
9	开工报告	是	
10	竣工验收报告	是	
11	竣工结算报告	是	
12	结算审计意见	是	
13	设备拆旧清单和移交手续	是	
14	开工报告	是	

表 7-7　项目监理单位档案

序号	名称	是否归档	备注
监理单位文件			
1	监理规划	否	
2	监理细则	否	
3	安全监理方案	否	
4	质量旁站方案	否	
5	监理会议纪要	否	
6	旁站记录	否	
7	监理日志	否	
8	监理初验方案	否	
9	监理初验申请	否	
10	监理初验报告	否	
11	质量通病防治评估报告	否	
12	监理工作总结	否	
13	质量评估报告	否	

表 7-8　项目施工单位档案

序号	名称	是否归档	备注
施工单位文件			
1	项目管理规划	是	
2	项目管理规划审批表	是	
3	安全措施方案	是	
4	技术措施方案	是	
5	组织措施方案	是	
6	应急预案	是	
7	开工报审表	是	
8	设备进场报审	是	

续表

序号	名称	是否归档	备注
9	开箱申请	是	
10	施工质量评定验收及评定范围划分报审	是	
11	分项工程质量评定表	是	
12	试验报告	是	
13	工程竣工报告	是	

通过对该项目已归档的工程档案资料的审阅对比,后评价认为,检修供电公司在工程档案管理方面主要执行了《××公司档案管理办法》[××(办/2)417–2014],该项目档案文件的收集、整理、归档工作基本完成,主要文件归档基本齐全、文件签字手续基本齐全,但存在初设报告、竣工决算报告归档不齐全、招投标资料归档不齐全等问题。

第六节　项目运营绩效评价

项目运行绩效后评价包括运行效益评价、社会效益评价、环境影响评价3部分。

一、运行效益评价

(一)安全评价

项目群改造前开闭站内设备损坏,通信、调度设备故障频次逐年增加,导致设备无法正常运行,需对损坏设备及时修补或更换,需加装在线监控装置,现状变电站内无法收到安防报警信号,地源热泵系统不满足设备运行的温度要求,未按照电压等级设置分电屏导致直流系统分电屏数量不足,电容器组容量不能满足需求等,线路避雷器设备老化,故障频发,严重影响用电质量。

该工程投入使用后,线路运转正常,设备运行状态良好,性能稳定,安全可靠性大幅提升,用电质量得到大幅提升,满足××等多方面需求,实现线路可视化监控通道,提高了供电的可靠性稳定性,总体运行良好。

通过对前后对比,本次后评价认为在安全评价方面,解决了设备故障,提升电网安全稳定、智能化、设备健康水平,实现了可视化监控通道等功能,全部赛事供电始终安全平稳,实现了"零故障、零闪动、零差错、零投诉",保证了开闭幕式等关键时段供电"绝对安全",满足供电保障安××运动会行条件,现阶段结论为符合设计要求、功能需求、政治需求,具有提升了电网安全可靠运行的效果。

(二)效能评价

该工程建设内容为对××电力公司生产技改××保电项目,主要为已对损坏开闭站内、通信、调度设备以及线路设备进行维修和更换,安装安消联动系统、地源热泵系统、增加直流系统分电屏数量及电容组容量等,保障安××运动会行服务,本次后评价不涉及效能评价。

(三)效益评价

该工程建设内容为对××电力公司生产技改××保电项目,主要为已对损坏开闭站内、通信、调度设备以及线路设备进行维修和更换,加装在线监控装置、安装安消联动系统、地源热泵系统、增加直流系统分电屏数量及电容组容量等,保障安××运动会行服务,因此该项目群的建设,在运检成本、政治保电人工成本减少的情况下,亦未增加收益。从经济角度分析,评价结论为无经济效益,即在收益方面对于供电企业未有贡献。

二、社会效益

(一)社会责任承担评价

该项目实施自投运以来设备运行情况稳定,全部赛事供电始终安全平稳,实现了"零故障、零闪动、零差错、零投诉",保证了开闭幕式等关键时段供电"绝对安全",达到了国际国内最高标准,配套设施及重点点位供电可靠、服务优质,得到入住用户高度评价,城市夜景照明光鲜亮丽,展现了××良好形象,保障了社会安全稳定和生产安××运动会行。该项目群的实施体现了××公司承担社会责任的一面。后评价认为该项目的实施在体现了电网公司承担社会责任的一面的同时,具有极佳的社会效益。

(二)推动产业技术进步评价

该项目的实施主要在原有电网设备、线路、自动化系统基础上的技术改造,项目群的实施主要为提高电网的安全可靠性,在原有系统上改造和加装,选用的技术及采购的设备均为当前成熟的技术、设备,在推动产业进步方面贡献不大,本次后评价认为该项目群的实施未推动产业技术进步。

三、环境影响评价

(一)项目环境达标情况评价

1. 噪声

该工程为设备、线路改造,保障供电安全,实施后噪音排放指标无变化,无噪声排放对周边环境的影响。

2. 固体排放

该工程设备、线路改造,开闭站内设备维修及更换,不涉及固体废物排放。

3. 气体排放

该工程为设备、线路改造,保障供电安全,不涉及气体废物排放。

4. 工频电场、磁感应强

该项目指标运行环境条件均按原设备条件设置,基本殿宇等级均为 35 kV 及以下,运行中产生的工频电场、工频磁场均不高于原有线路。

本次后评价认为:经该项目建设后对周围环境影响无变化,在环境影响方面各指标均符合控制标准。

(二)项目环境保护设施建设情况评价

该项目实施内容涉及土建工程较少,在实施过程不产生污染源、无污染物,不会产生空气污染,无生产废水,不会造成噪声污染,在设备改造后,无电磁辐射,不能产生污染源及污染物,对周边环境无影响,因此,该项目不需新建环保设施。

第七节　项目群后评价结论

一、项目目标评价

该项目以企业安全生产为基础、以促进城市区域电网建设为根本,是推动技术进步、经济发展、降低企业生产运营综合成本的技改项目,因此该项目决策正确,项目建设目标明确。决策程序基本合理,在可研报告的编制和评估方面应予以充分重视,尤其是可行性研究报告的编制深度应达到国家、电力行业对固定资产投资管理的要求。

本报告将项目目标实现程度分为实现(A)、基本实现(B)、部分实现(C)和未实现(D)4个等级,并采用专家打分法进行评价。××电力公司生产技改××保电项目目标评分为A。目标评价结果表明,该项目实现了预期的宏观目标和项目目标。

二、项目成功度评价

项目成功度评价主要是从后评价的角度,按照后评价主要内容要求,对于项目实施管理各方面绩效进行的总体评价,以便于验证投资项目实施的成功与否。

根据该项目的特点,将分别从宏观及具体目标、立项决策与建设过程、运行效果、社会经济效益及影响等几个方面,通过综合评定,后评价小组及专家组提出对本建设项目成功度的评价结论为A。

按照成功度评价结果,通过对该项目的决策、准备、采购、实施、竣工验收、运行效果、社会经济效益及影响等各阶段的项目组织管理开展后评价的工作,后评价认为在组织实施"××电力公司生产技改××保电项目"专项技改项目过程中,检修公司根据上级公司相关工作管理办法的要求, 基本能够做到认真组织项目实施,严格控制费用支出;总投资额能控制在计划批复总额之内;建设期内未有重大问题、安全事故发生的情形;在管理制度的执行方面,能够执行××市电力公司制定的相关工程项目管理方面的各项制度、规定,但存在项目过程管理不到位,未履行结算审核手续;与工程同步的工程资料归档不齐全,不能反映项目实施全过程的管理情况。

××电力公司生产技改××保电项目实施完成后,电网安全、设备安××运动会行状态良好,同时该项目的建设管理较好,具有较好的社会效益,故该项目成功度的总体评价结论为"成功"。

三、项目全过程管理指标评分

项目群前期阶段,本次项目后评价可行性研究报告深度不足,部分项目未下达批复先行建设开工,因此在项目前期工作评价中扣除2分,得分为12分。

项目群实施准备阶段,初设批复下达及时、内容完整合规,招标采购流程规范,满足施工要求,但存在初步设计图纸归档不完整、施工图编制滞后等。因此,在项目实施准备评价中扣除 4 分,得分为 15 分。

项目群实施阶段,从制定工程管理措施到最后的竣工验收,项目进度质量安全管控基本到位,但是存在物资拆旧管理不完善、监理履职不到位等情况,需加强项目管理。在项目实施过程评价中扣除 6 分,得分为 26 分。

项目群结决算管理方面,存在项目结算依据不充分、未履行结算审核手续及决算转资不及时等结算决算管理不到位等问题,需加强结决算管理。因此,在结决算管理评价中扣除 4 分,得分为 6 分。

项目群档案管理方面,存在部分主要文件归档不齐全的问题。因此,在档案管理评价中扣除 2 分,得分为 3 分。

项目群投资控制方面,建筑工程费偏差 42.87%,安装工程费偏差 39.99%,拆除工程费偏差 43.82%,设备购置费偏差 14.51%,工程建设其他费偏差 71.94%。因此,在项目投资控制评价中扣除 19 分,得分为 1 分。

项目群全过程管理指标评分为 63 分。

四、项目运营效益评分

在运行效益方面,通过对××电力公司生产技改××保电项目,增加了供电保障安××运动会行的可靠性,消除电网安全风险、故障电网隐患,增加视频监控装置,提高电网安全稳定、智能化、设备健康水平,提升安全监控平台功能。后评价认为在安全评价方面,现阶段结论为符合设计要求、功能需求,具有提升了电网可靠性的效果。从设备利用效率和节能环保等方面分析,改造前后均未发生变化,相关因素未降低亦无无明显提升,该项目不涉及提高或降低工程成本。因此,在运行效益评价中扣除 20 分,得分为 40 分。

在社会效益方面,该项目群为技术改造项目,对××市区域电网及项目所在地电网的电网可靠性有提升,项目实施前后,消除电网安全风险、故障电网隐患的发生,保障了供电安全,同时也是供电企业也积极主动的承担了社会责任的体现。由于该项目群为××电力公司生产技改××保电项目,本次后评价对推动产业技术进步的内容不予评价。因此,在社会效益评价中扣除 10 分,得分为 10 分。

在环境影响方面,该项目群建设后对周围环境影响无变化,在环境影响方面各指标均符合控制标准。因此,在环境影响评价中扣除 0 分,得分为 20 分。

项目群运营效益总评分为 70 分。

五、项目群后评价总结

(一)经验和不足

1. 前期工作评价

该项目群审阅到的前期资料有可行性研究报告或项目建议书,可研评审意见,可研批复,整体内容完整,审批程序合规,审批手续齐全,但存在可行性研究报告深度不足,部分项目未取得可研批复先行建设开工的情况。

2. 工程建设评价

根据上级公司相关工作管理办法的要求,加强了对供电保障安全实施的组织领导,基本能够做到认真组织项目实施,严格控制费用支出,加强项目全过程管理。建设期内未有重大问题、安全事故发生的情形。从本次后评价期间审阅到的资料来看,在监理管理方面,监理单位对项目群的安全、质量、进度、验收等方面监督不到位;在招投标管理方面,存在招投标资料缺失的问题;在设计管理方面,存在设计费确定无依据、施工图纸编制滞后等问题;在施工管理方面,存在未对施工单位进行安全技术交底及安全管理的签订、施工过程资料收集不齐全,归档资料编制不规范等问题;在物资管理方面,存在项目物资领用无手续或手续不齐全、拆旧物资未足量退库的问题;在结算管理方面,存在结算依据不充分等问题;在决算管理方面,存在工程项目竣工决算不及时的问题。

(二)措施和建议

在各参建单位的共同配合下,虽然取得了成绩,但实际建设过程中,仍然还有不断完善和改进之处,现提出以下工作建议。

1. 对决策部门的建议

重视项目前期的可研编制和评审工作,提高投资决策的管理水平,减少和控制风险。可行性研究报告是建设单位立项、申报的依据,是对项目必要性、可行性以及对项目经济合理性进行研究的报告。技改项目可研报告作为项目最终决策前的依据。也是企业作为资金筹措的依据。同时也是作为开展设计工作的依据、作为安排项目计划和实施方案,进行项目所需的设备材料订货等工作的依据、作为环保部门进行环评的依据、现行检查、审计、监察、验收的依据。因此,可研报告的编制深度直接影响到企业的投资决策、项目实施等各个环节。后评价认为,建设单位应在今后的企业投资项目决策阶段重视可研报告的编制工作。

2. 对项目实施单位的建议

(1)应重视设计工作。初步设计是对项目可行性研究的进一步细化,设计单位应严格按照合同要求履约,及时准确编制初步设计文件、施工图、竣工图等文件,建设单位应重视设计工作,严格按照××公司相关管理要求进行设计编制及审核工作。

(2)加强过程资料管理工作。建议在工程建设各个阶段及时做好资料收集和档案整理工作,以便全面掌握项目的建设、运营情况,并同步积累生产运行和财务资料使运营管理水平全面提升。

(3)加强工程施工过程中的安全管理工作,完善安全管理制度,确保工程安全目标的实现。应按照《××公司生产技术改造工作管理规定》[××(运检/3)157-2014]文件规定,加强项目管理。监理单位应切实履行监理职责,加强对施工全过程的安全、质量、进度、验收等方面的管理工作,杜绝监理工作不到位的情况。

(4)加强合同管理工作。合理使用"××公司合同全过程管理业务应用系统",确保合同签订手续齐全。

(5)加强竣工结算、决算管理工作。建设单位应依据《××公司生产技术改造项目竣工决算管理规定》[××(运检/4)319-2014]要求,加强结算、决算管理工作,及时办理工程结算,并据实审核,确保财务付款真实有效,杜绝虚列虚结或高估冒算的问题。据实填列竣工决算报表中的相关数据,及时做好工程转资和计提折旧工作,确保折旧费用准确。

附　录

中央政府投资项目后评价管理办法

第一章　总　则

第一条　为健全政府投资项目后评价制度,规范项目后评价工作,提高政府投资决策水平和投资效益,加强中央政府投资项目全过程管理,根据《国务院关于投资体制改革的决定》要求,制定本办法。

第二条　本办法所称项目后评价,是指在项目竣工验收并投入使用或运营一定时间后,运用规范、科学、系统的评价方法与指标,将项目建成后所达到的实际效果与项目的可行性研究报告、初步设计(含概算)文件及其审批文件的主要内容进行对比分析,找出差距及原因,总结经验教训、提出相应对策建议,并反馈到项目参与各方,形成良性项目决策机制。根据需要,可以针对项目建设(或运行)的某一问题进行专题评价,可以对同类的多个项目进行综合性、政策性、规划性评价。

第三条　国家发展改革委审批可行性研究报告的中央政府投资项目的后评价工作,适用本办法。国际金融组织和外国政府贷款项目后评价管理办法另行制定。

第四条　项目后评价应当遵循独立、客观、科学、公正的原则,保持顺畅的信息沟通和反馈,为建立和完善政府投资监管体系服务。

第五条　国家发展改革委负责项目后评价的组织和管理工作。具体包括:确定后评价项目,督促项目单位按时提交项目自我总结评价报告并进行审查,委托承担后评价任务的工程咨询机构,指导和督促有关方面保障后评价工作顺利开展和解决后评价中发现的问题,建立后评价信息管理系统和后评价成果反馈机制,推广通过后评价总结的成功经验和做法等。项目行业主管部门负责加强对项目单位的指导、协调、监督,支持承担项目后评价任务的工程咨询机构做好相关工作。项目所在地的省级发展改革部门负责组织协调本地区有关单位配合承担项目后评价任务的工程咨询机构做好相关工作。项目单位负责做好自我总结评价并配合承担项目后评价任务的工程咨询机构开展相关工作。承担项目后评价任务的工程咨询机构负责按照要求开展项目后评价并提交后评价报告。

第二章　工作程序

第六条　本办法第三条第一款规定范围内的项目,项目单位应在项目竣工验收并投入使用或运营一年后两年内,将自我总结评价报告报送国家发展改革委。其中,中央本级项目通过项目行业主管部门报送同时抄送项目所在地省级发展改革部门,其他项目通过省级发展改革部门报送同时抄送项目行业主管部门。

第七条　项目单位可委托具有相应资质的工程咨询机构编写自我总结评价报告。项目单位对自我总结评价报告及相关附件的真实性负责。

第八条　项目自我总结评价报告应主要包括以下内容:

(一)项目概况:项目目标、建设内容、投资估算、前期审批情况、资金来源及到位情况、实施进度、批准概算及执行情况等;

(二)项目实施过程总结:前期准备、建设实施、项目运行等;

(三)项目效果评价:技术水平、财务及经济效益、社会效益、资源利用效率、环境影响、可持续能力等;

(四)项目目标评价:目标实现程度、差距及原因等;

(五)项目总结:评价结论、主要经验教训和相关建议。项目自我总结评价报告可参照项目后评价报告编制大纲进行编制。

第九条　项目单位在提交自我总结评价报告时,应同时提供开展项目后评价所需要的以下文件及相关资料清单:

(一)项目审批文件。主要包括项目建议书、可行性研究报告、初步设计和概算、特殊情况下的开工报告、规划选址和 4 土地预审报告、环境影响评价报告、安全预评价报告、节能评估报告、重大项目社会稳定风险评估报告、洪水影响评价报告、水资源论证报告、水土保持报告、金融机构出具的融资承诺文件等相关的资料,以及相关批复文件。

(二)项目实施文件。主要包括项目招投标文件、主要合同文本、年度投资计划、概算调整报告、施工图设计会审及变更资料、监理报告、竣工验收报告等相关资料,以及相关的批复文件。

(三)其他资料。主要包括项目结算和竣工财务决算报告及资料,项目运行和生产经营情况,财务报表以及其他相关资料,与项目有关的审计报告、稽查报告和统计资料等。

第十条 项目自我总结评价报告内容不完整或深度达不到相应要求的,项目行业主管部门或者省级发展改革部门应当要求项目单位限期补充完善。

第十一条 国家发展改革委根据本办法第十二条规定,结合项目单位自我总结评价情况,确定需要开展后评价工作的项目,制定项目后评价年度计划,印送有关项目行业主管部门、省级发展改革部门和项目单位。

第十二条 列入后评价年度计划的项目主要从以下项目中选择:

(一)对行业和地区发展、产业结构调整有重大指导和示范意义的项目;

(二)对节约资源、保护生态环境、促进社会发展、维护国家安全有重大影响的项目;

(三)对优化资源配置、调整投资方向、优化重大布局有重要借鉴作用的项目;

(四)采用新技术、新工艺、新设备、新材料、新型投融资和运营模式,以及其他具有特殊示范意义的项目;

(五)跨地区、跨流域、工期长、投资大、建设条件复杂,以及项目建设过程中发生重大方案调整的项目;

(六)征地拆迁、移民安置规模较大,可能对贫困地区、贫困人口及其他弱势群体影响较大的项目,特别是在项目实施过程中发生过社会稳定事件的;

(七)使用中央预算内投资数额较大且比例较高的项目;

(八)重大社会民生项目;

(九)社会舆论普遍关注的项目。

第十三条 国家发展改革委根据项目后评价年度计划,委托具备相应资质的工程咨询机构承担项目后评价任务。国家发展改革委不得委托参加过同一项目前期、建设实施工作或编写自我总结评价报告的工程咨询机构承担该项目的后评价任务。

第十四条 承担项目后评价任务的工程咨询机构,在接受委托后,应组建满足专业评价要求的工作组,在现场调查、资料收集和社会访谈的基础上,结合项目自我总结评价报告,对照项目的可行性研究报告、初步设计(概算)文件及其审批文件的相关内容,对项目进行全面系统地分析评价。

第十五条 承担项目后评价任务的工程咨询机构,应当按照国家发展改革委的委托要求和投资管理相关规定,根据业内应遵循的评价方法、工作流程、质量保证要求和执业行为规范,独立开展项目后评价工作,在规定时限内完成项目后评价任务,提出合格的项目后评价报告。

第十六条 国家发展改革委制定项目后评价编制大纲,指导和规范项目后评价报告的编制工作。

第十七条 项目后评价应采用定性和定量相结合的方法,主要包括:逻辑框架法、调查法、对比法、专家打分法、综合指标体系评价法、项目成功度评价法。具体项目的后评价方法应根据项目特点和后评价的要求,选择一种或多种方法对项目进行综合评价。

第十八条 项目后评价应按照适用性、可操作性、定性和定量相结合原则,制定规范、科学、系统的评价指标。承担项目后评价任务的工程咨询机构,应根据项目特点和后评价的要求,在充分调查研究的基础上,确定具体项目后评价指标及方案。

第十九条 工程咨询机构在开展项目后评价的过程中,应当采取适当方式听取社会公众和行业专家的意见,并在后评价报告中设立独立篇章予以客观反映。

第三章　成果应用

第二十条　国家发展改革委通过项目后评价工作，认真总结同类项目的经验教训，后评价成果应作为规划制定、项目审批、资金安排、项目管理的重要参考依据。

第二十一条　国家发展改革委应及时将后评价成果提供给相关部门、省级发展改革部门和有关机构参考，加强信息沟通。

第二十二条　对于通过项目后评价发现的问题，有关部门、地方和项目单位应认真分析原因，提出改进意见，并报送国家发展改革委。

第二十三条　国家发展改革委会同有关部门，定期以适当方式汇编后评价成果，大力推广通过项目后评价总结出来的成功经验和做法，不断提高投资决策水平和政府投资效益。

第四章　监督管理

第二十四条　列入后评价年度计划的项目，项目单位应当根据后评价工作需要，积极配合承担项目后评价任务的工程咨询机构开展相关工作，及时、准确、完整地提供开展后评价工作所需要的相关文件和资料。

第二十五条　工程咨询机构应对项目后评价报告质量及相关结论负责，并承担对国家秘密、商业秘密等的保密责任。

第二十六条　国家发展改革委委托中国工程咨询协会，定期对有关工程咨询机构和人员承担项目后评价任务的情况进行执业检查，并将检查结果作为工程咨询资质管理及工程咨询成果质量评定的重要依据。

第二十七条　国家发展改革委委托的项目后评价所需经费由国家发展改革委支付，取费标准按照《建设项目前期工作咨询收费暂行规定》(计价格〔1999〕1283 号)关于编制可行性研究报告的有关规定执行。承担项目后评价任务的工程咨询机构及其人员,不得收取项目单位的任何费用。项目单位编制自我总结评价报告的费用在投资项目不可预见费中列支。

第二十八条　项目单位存在不按时限提交自我总结评价报告,隐匿、虚报瞒报有关情况和数据资料,或者拒不提交资料、阻挠后评价等行为的,根据情节轻重给予通报批评,在一定期限内暂停安排该单位其他项目的中央投资。

第五章　附　则

第二十九条　各地方、各项目行业主管部门可参照本办法,制定本地区、本部门的政府投资项目后评价办法和实施细则。

第三十条　本办法由国家发展改革委负责解释。

第三十一条　本办法自发布之日起施行,《中央政府投资项目后评价管理办法(试行)》(发改投资〔2008〕2959号)同时废止。